Influencia y persuasión

SERIE INTELIGENCIA EMOCIONAL DE HBR

Serie Inteligencia Emocional de HBR

Cómo ser más humano en el entorno profesional

Esta serie sobre inteligencia emocional, extraída de artículos de la *Harvard Business Review*, presenta textos cuidadosamente seleccionados sobre los aspectos humanos de la vida laboral y personal. Estas lecturas, estimulantes y prácticas, ayudan a conseguir el bienestar emocional en el trabajo.

Mindfulness
Resiliencia
Felicidad
Empatía
El auténtico liderazgo
Influencia y persuasión
Cómo tratar con gente difícil
Liderazgo (Leadership Presence)
Propósito, sentido y pasión
Autoconciencia
Focus
Saber escuchar
Confianza
Poder e influencia
IE Virtual

Otro libro sobre inteligencia emocional de la
Harvard Business Review:

Guía HBR: Inteligencia Emocional

Influencia y persuasión

SERIE INTELIGENCIA EMOCIONAL DE HBR

Reverté Management
Barcelona · México

Harvard Business Review Press
Boston, Massachusetts

Descuentos y ediciones especiales

Los títulos de Reverté Management (REM) se pueden conseguir con importantes descuentos cuando se compran en grandes cantidades para regalos de empresas y promociones de ventas. También se pueden hacer ediciones especiales con logotipos corporativos, cubiertas personalizadas o con fajas y sobrecubiertas añadidas.

Para obtener más detalles e información sobre descuentos tanto en formato impreso como electrónico, póngase en contacto con revertemanagement@reverte.com o llame al teléfono (+34) 93 419 33 36.

© **Editorial Reverté, S. A., 2019, 2020, 2021, 2022**
Loreto 13-15, Local B. 08029 Barcelona – España
revertemanagement.com

7ª impresión: julio 2022

Edición en papel
ISBN: 978-84-949493-1-9

Edición ebook
ISBN: 978-84-291-9503-3 (ePub)
ISBN: 978-84-291-9502-6 (PDF)

Editores: Ariela Rodríguez / Ramón Reverté
Coordinación editorial: Julio Bueno
Traducción: Jofre Homedes Beutnagel
Maquetación: Patricia Reverté
Revisión de textos: Genís Monrabà Bueno

Impreso en España – *Printed in Spain*
Depósito legal: B 3215-2019

Impresión: Liberdúplex, S.L.U.
Barcelona – España

19

Contenidos

Influencia y persuasión

SERIE INTELIGENCIA EMOCIONAL DE HBR

1

Entiende los cuatro componentes de la influencia

Nick Morgan

Todos hemos conocido a gente poco habladora, pero cuyas palabras dejan huella; personas que saben usar el silencio para dominar una conversación. Tener influencia, en suma, significa algo más que llevar la voz cantante; es tomar las riendas de una situación, y entender qué papeles desempeñan el poder posicional, las emociones, los conocimientos y el lenguaje no verbal. Si aspiras al éxito como líder, es imprescindible que domines estas cuatro facetas de la influencia.

Empecemos por el *poder posicional*. Si lo tienes, la influencia se convierte en algo relativamente simple. Quien tiene poder sobre otras personas suele hablar más, interrumpir más y dirigir más la conversación, eligiendo los temas, por ejemplo.

Si en una situación determinada no tienes el poder posicional, lo previsible es que hables menos, interrumpas menos y no elijas los temas de conversación. Por algo, una de las maneras de demostrar el poder posicional por parte de quienes lo ostentan es ejercer su derecho a hablar más sobre los temas que les importan.

¿Y si quieres cuestionar la autoridad posicional? ¿Qué puedes hacer? Pongamos que aspiras a vender un producto, una idea o una compañía, y que te presta atención alguien que puede comprarlos. ¿Cómo se obtiene el control de una situación de este tipo?

El segundo aspecto de la influencia es la *emoción*. Usarla es una de las vías para contrarrestar el poder posicional y dominar una conversación. Cuando en el otro bando está el poder, y en el tuyo, la emoción, es posible cierto grado de igualdad. De hecho, la pasión, si tiene una buena base y la persona que habla está bien preparada, puede ser más fuerte que la autoridad.

Todos lo hemos visto cuando un artista joven y desconocido desarma y seduce al jurado de algún *talent show* y deja inclinada la balanza a su favor. La pureza y potencia emocional de su actuación bastan para enmudecer al jurado —y ganárselo—, a pesar de la autoridad posicional de este último; no en vano son tantas las películas de Hollywood cuyo clímax se nutre de alegatos llenos de pasión, apelaciones a la clemencia y discursos finales que arrancan lágrimas al jurado, haciendo que este absuelva al acusado.

En muchos casos la pasión está muy relacionada con el *conocimiento*, tercer aspecto de la influencia, hasta el punto de que aunando la pasión y los conocimientos es posible dominar una conversación, eclipsando el poder posicional. La voz de un experto poco seguro de sí mismo puede perderse entre el griterío de quienes pugnan por hacerse oír. Por eso los conocimientos sin pasión pueden llegar a ser ineficaces, aunque es posible que, a base de paciencia, resistan más que nadie en el debate y, tarde o temprano, tengan su oportunidad.

El último aspecto de la influencia es el más sutil de los cuatro, por lo que rara vez logra triunfar sobre la autoridad posicional o la pasión, aunque en alguna ocasión, cuando lo han manejado con habilidad, lo he visto salir vencedor. ¿De qué se trata? De dominar la trama de las relaciones humanas.

De este aspecto de la influencia somos muy poco conscientes, a pesar de que todos participamos en él con mayor o menor habilidad. Desde muy pequeños aprendemos que la conversación es un baile en pareja, un juego entre dos (o más) personas en el que la manera de respirar, de hacer guiños, de asentir, de mirarse a los ojos, de ladear la cabeza y de gesticular, entre toda una serie de sutiles señales no verbales, ayudan a ambas partes a comunicarse.

Es más: sin estas *señales no verbales*, la conversación es mucho menos funcional. Por eso hablar por teléfono no resulta ni de lejos tan satisfactorio como hacerlo en persona, y por eso en las reuniones a distancia es inevitable interrumpirse, equivocarse y hablar al mismo tiempo con mucha más frecuencia. No obtenemos las señales que estamos acostumbrados a recibir y que nos ayudan a saber cuándo está dispuesta la otra persona a entregarnos el relevo de la conversación, y viceversa.

¿Se puede tener influencia usando solo este cuarto aspecto? Yo lo he presenciado en algunas situaciones; normalmente, prevalecen los otros tres, pero una vez vi que un alto directivo dominaba sin esfuerzo una sala llena de personas que, en principio, estaban todas al mismo nivel, un grupo de investigadores llegados de todo el mundo para analizar el futuro de las tecnologías de la información. En pocos minutos, sin darse cuenta, se subordinaron todos a él, a pesar de que no tenía ni poder posicional ni ponía ninguna pasión especial en sus intervenciones. Con su profundo dominio de las señales y su sutileza en marcar los tiempos de la conversación, consiguió que al poco rato bailaran todos al compás de sus palabras. Fue bonito verlo. Dio un ejemplo tangible de dominio absoluto de la conversación.

En resumidas cuentas, la influencia es un reflejo del empeño que ponemos unos y otros en conseguirla, y aunque no nos demos cuenta, la mayoría somos expertos en medirla. Para ejercerla es necesario llevar la delantera como mínimo en uno de sus cuatro aspectos y, preferiblemente, en más de uno.

NICK MORGAN es ensayista, conferenciante, *coach* y presidente y fundador de la consultoría de comunicación Public Words.

Este texto es un fragmento del libro del autor *Power Cues: The Subtle Science of Leading Groups, Persuading Others, and Maximizing Your Personal Impact* (Harvard Business Review, 2014; producto #11710).

2

Aprovecha la ciencia de la persuasión

Robert Cialdini

Es patrimonio de muy pocos. La mayoría no tenemos esa suerte. Una pequeña minoría de «agraciados» parece haber nacido con el don de saber ganarse a sus oyentes, influir en los indecisos y convencer a la oposición. Ver a estos maestros de la persuasión poner en práctica su magia es algo al mismo tiempo impresionante y frustrante. En realidad, lo que impresiona no es solo la facilidad con la que usan su carisma y su elocuencia para convencer a los demás de que hagan lo que piden, sino el entusiasmo que pone la gente en hacer lo que le piden, como si la propia persuasión fuese un favor que tuvieran que devolver a toda costa.

Lo frustrante de la experiencia es que muchos de estos persuasores «natos» no saben explicar su habilidad ni transmitírsela a otras personas. Su don de gentes es un arte, y a los artistas, por regla general, se les da mucho mejor obrar que explicar. La mayoría tiene poca ayuda que ofrecer a los que, a pesar de estar solamente dotados de las dosis normales de carisma y elocuencia, no dejamos de enfrentarnos al reto básico del liderazgo: conseguir que se haga algo a través de otras personas. Este desafío lo conocen, y lo sufren, los altos ejecutivos que no tienen más remedio que buscar cada día una manera nueva de motivar y dirigir a un personal marcado por el individualismo. La carta «porque yo soy el jefe» ya no se puede jugar. Suponiendo, incluso, que no fuera denigrante y desmoralizadora para todos los implicados, estaría fuera de lugar en un mundo donde los equipos interfuncionales, las sociedades mixtas y las colaboraciones entre empresas han difuminado los límites de la autoridad. En un entorno así, las dotes de persuasión ejercen una influencia mucho mayor en la conducta ajena que las estructuras formales de poder.

Lo cual nos devuelve al punto de partida. Aunque la capacidad de persuasión sea hoy más necesaria que nunca, ¿cómo pueden adquirirla los ejecutivos si sus practicantes de mayor talento no se la pueden transmitir? La respuesta es fácil: recurriendo a la ciencia. Hace cinco décadas que los científicos conductuales llevan a cabo experimentos muy ilustrativos sobre cómo determinadas interacciones hacen que la gente transija, obedezca o cambie. Estos estudios demuestran que la persuasión utiliza un reducido número de impulsos y necesidades profundamente enraizados en el ser humano, y que lo hace de formas previsibles. La persuasión, por decirlo de otro modo, se rige por principios básicos que pueden ser enseñados, aprendidos y aplicados. Dominando estos principios, los ejecutivos pueden aportar rigor científico a la obtención de consensos, tratos y concesiones. En las siguientes páginas describo seis principios básicos de la persuasión y propongo a los ejecutivos unas cuantas maneras de aplicarlos a sus organizaciones.

El principio de simpatía: Si caes bien a alguien, te cae bien.

Aplicación: Destaca las verdaderas afinidades, y elogia con sinceridad.

Las reuniones de Tupperware, ese fenómeno del mundo de las ventas, ilustran con mucha claridad cómo funciona este principio. Las preside una persona, casi siempre de sexo femenino, que invita a amigos, vecinos y parientes a su casa. El afecto de los invitados hacia la anfitriona los predispone a comprar, dinámica que en 1990 se vio confirmada por un estudio sobre decisiones de compra en reuniones de demostración. Sus autores, Jonathan Frenzen y Harry Davis, que lo publicaron en la revista *Journal of Consumer Research*, observaron que el afecto de los invitados hacia su anfitriona pesaba el doble en sus decisiones de compra que el de su opinión sobre los productos adquiridos. Es decir, que cuando los invitados a una reunión de Tupperware compran algo, no lo hacen solo para su satisfacción personal, sino también para la de su anfitriona.

Lo que es válido para una reunión de Tupperware también lo es para los negocios en general: si quieres influir, haz amistades. ¿Cómo? En estudios controlados se han identificado varios factores que incrementan de manera fiable el agrado personal, aunque hay dos de especial relevancia: la afinidad y el elogio. La afinidad acerca literalmente a las personas. En un experimento descrito en un artículo de 1968 de la revista *Journal of Personality*, los participantes que habían averiguado que compartían convicciones políticas y valores sociales se aproximaban más físicamente. En un artículo de 1963 para *American Behavioral Scientists*, el investigador F. B. Evans usó datos demográficos de archivos de compañías de seguros para demostrar que los posibles clientes estaban más dispuestos a contratar una póliza con un agente cercano a ellos en edad, religión, política o, incluso, hábitos de fumador.

Este tipo de afinidades pueden ser de utilidad a los directivos para establecer vínculos con un trabajador recién contratado, con el director de otro departamento o, incluso, con un nuevo jefe. Las conversaciones informales durante el horario de trabajo constituyen la ocasión perfecta para descubrir como mínimo un campo de disfrute en común, como puede ser una afición, un equipo de baloncesto universitario o una reposición de *Seinfeld*. Lo importante es que el vínculo se establezca pronto, ya que de este modo se crea un precedente de buena voluntad y confianza en todos los encuentros posteriores. Cuando las personas a las que intentas convencer ya están predispuestas en tu favor, es mucho más fácil obtener su respaldo para un nuevo proyecto.

El elogio, que es el otro generador fiable de afecto, tiene el doble efecto de seducir y desarmar. A veces ni siquiera hace falta que sea merecido. En un artículo para la revista *Journal of Experimental Social Psychology*, un grupo de investigadores de la Universidad de Carolina del Norte constataron que quien no escatima halagos, incluso si son falsos, es tenido en la mayor estima por los halagados. En su libro *Interpersonal Attraction* (Addison-Wesley, 1978), Ellen Berscheid y Elaine Hatfield Walster aportan datos experimentales que demuestran que los comentarios positivos acerca de las características personales, la actitud o el rendimiento de alguien despiertan, por norma, simpatía en ese alguien hacia quien los formula, además de predisponerlo a cumplir los deseos de la otra persona.

Aparte de cultivar relaciones fructíferas, los directivos más hábiles también pueden usar el elogio para recomponer relaciones deterioradas o improductivas. Imagínate que estás al frente de un departamento de cierto peso en tu organización. A menudo, por trabajo, entras en contacto con otro directivo —pongámosle por nombre Dan— que se te ha hecho antipático. Por mucho que te esfuerces, nunca está contento con lo que haces por él, pero lo peor es que parece que nunca se crea que lo haces lo mejor que puedes. Como te molesta su actitud, y su evidente falta de confianza en tus capacidades y tu buena fe, pasas menos tiempo con él del que sabes que deberías pasar, y, en consecuencia, sale perjudicado el rendimiento de los dos departamentos, el tuyo y el suyo.

Los estudios sobre el elogio apuntan una estrategia para subsanar el deterioro de la relación. Debe haber algo en Dan que puedas admirar sinceramente, aunque cueste encontrarlo, como, por ejemplo, su preocupación por los integrantes de su departamento o lo volcado que está con su familia o, sin ir más lejos, su ética laboral. La próxima vez que os encontréis, haz un comentario elogioso sobre ese rasgo. Deja claro que ambos valoráis lo mismo, aunque solo sea en este caso. Pronostico que Dan cederá en su obstinada negatividad y se te abrirá un resquicio para convencerlo de tu competencia y tus buenas intenciones.

El principio de reciprocidad:
La gente paga con la misma moneda.

Aplicación: Da lo que quieras recibir.

Si lo más probable es que el elogio apacigüe a Dan, es porque, a pesar de su mal genio, no deja de ser humano ni de estar sujeto a la tendencia humana universal de tratar a los demás como lo tratan a uno. Si te has sorprendido alguna vez sonriendo a alguien en el trabajo solo porque él o ella te había sonreído previamente, ya sabes cómo funciona este principio.

A la reciprocidad recurren las ONG para recaudar dinero. Por poner un ejemplo, la organización estadounidense de veteranos de guerra discapacitados (Disabled American Veterans) estuvo años consiguiendo un muy respetable 18 por ciento de respuestas a sus peticiones sin usar nada más que una carta muy bien redactada, pero, a partir del momento en que empezó a incluir un pequeño regalo en el sobre, ese porcentaje casi se duplicó y llegó al 35 por ciento.

El regalo en cuestión —unos adhesivos personaliza-
dos con la dirección— era muy modesto, pero lo de-
cisivo no era lo que recibiesen los posibles donantes,
sino el hecho de que recibiesen algo.

Lo que dio resultado en esas cartas también puede
darlo en la oficina. Huelga decir que si los proveedo-
res se prodigan en regalos navideños no es solo por
la efusividad característica de tales fechas. En 1996,
en una entrevista para la revista *Inc.*, varios directores de ventas reconocieron que después de haber recibido regalos de un proveedor estaban dispuestos a
comprar productos y servicios que, en caso contrario
habrían rechazado. Yo he animado a los lectores de
mi libro a que me hagan llegar ejemplos de cómo les
afectan los principios de la influencia en su día a día,
y hubo una lectora, funcionaria en Oregón, que me
envió una carta en la que exponía los siguientes motivos para justificar su compromiso con su superior:

*En Navidad nos hace regalos a mi hijo y a mí, y
para mi cumpleaños siempre tiene algún detalle.*

En un puesto como el mío no hay ascensos.
La única manera que tengo de ascender sería cam-
biar de departamento, pero me resisto a intentarlo.
A mi jefe le falta poco para la edad de jubilación.
Me parece que cuando se haya jubilado sí que
podré irme. [...] De momento me siento con la obli-
gación de quedarme, por lo bien que me ha tratado
siempre.

En última instancia, sin embargo, los regalos son solo una de las aplicaciones más rudimentarias de la ley de la reciprocidad, que en otros usos más sofisticados proporciona una auténtica ventaja a cualquier directivo que intente fomentar actitudes positivas y relaciones personales productivas en el espacio de trabajo. La manera de obtener la conducta deseada entre los compañeros de trabajo y los subordinados es exteriorizarla antes que nadie. Son los líderes quienes deben dar ejemplo de la actitud que aspiran a ver en los demás, sea de confianza, de cooperación o de amabilidad.

Esto también es aplicable a los directivos que deben resolver problemas de transmisión de información y asignación de recursos. Si le prestas un miembro de tu equipo a un colega a quien se le echa encima un plazo y va escaso de personal, aumentarán considerablemente las posibilidades de que te ayude a ti cuando lo necesites; y será todavía más efectivo si cuando el colega en cuestión te da las gracias por tu ayuda contestas algo así como: «Encantado de ayudarte. Sé lo importante que es poder contar con tu ayuda cuando la necesite».

El principio de la prueba social: La gente sigue el ejemplo de otras personas que se le parecen.

Aplicación: Aprovecha siempre que puedas el poder entre iguales.

Los seres humanos, como animales sociales que somos, recurrimos mucho a quienes nos rodean para saber cómo pensar, sentirnos y actuar. Es algo que sabemos intuitivamente, pero la intuición se ha visto confirmada por experimentos como el que apareció descrito por primera vez en 1982 en la revista *Journal of Applied Psychology*: un grupo de investigadores fueron de casa en casa por Columbia (Carolina del Sur) pidiendo donativos para una campaña benéfica, y enseñando listas de residentes en el barrio que ya habían hecho su aportación a la causa. Observaron que cuanto más larga era la lista de donantes, más probable era que también hiciera un donativo la persona a quien se lo pedían.

Para los destinatarios de la petición, los nombres de amigos y vecinos en la lista eran una especie de prueba social de cómo debían reaccionar; prueba cuya eficacia, sin embargo, habría sido muy inferior con nombres de desconocidos tomados al azar. En un experimento de los años sesenta descrito por primera vez en la revista *Journal of Personality and Social Psychology* se pidió a varios residentes en Nueva York que devolvieran una cartera perdida a su dueño.

Si se les decía que antes ya lo había intentado otro neoyorquino, había muchas posibilidades de que lo intentasen ellos también. Por el contrario, contarles que alguien de otro país había intentado devolver la cartera no tenía ningún peso en su decisión.

Lo que les enseñan estos dos experimentos a los ejecutivos es que cuando la persuasión corre a cargo de iguales puede ser extremadamente eficaz. La ciencia confirma lo que ya sabe la mayoría de los profesionales de las ventas: que cuando mejor resultado dan los testimonios de clientes satisfechos es cuando las circunstancias vitales del cliente satisfecho y del cliente potencial se asemejan. Este hecho puede ser una enseñanza útil para aquellos directivos que se enfrenten a la tarea de vender una nueva iniciativa empresarial. Imagínate que intentas racionalizar los procesos laborales de tu departamento, y que hay un grupo de empleados veteranos que se resiste. En vez de tratar de convencerlos tú mismo de las ventajas de la iniciativa, pídele a un veterano favorable a ellas que las defienda durante una reunión. El testimonio de un compañero tiene muchas más probabilidades de convencer al grupo que el enésimo discurso del jefe. Por decirlo en pocas palabras, muchas veces la influencia se ejerce mejor en horizontal que en vertical.

El principio de coherencia: La gente es fiel a compromisos claros.

Aplicación: Obtén compromisos activos, públicos y voluntarios.

La simpatía es una fuerza poderosa, pero la persuasión no se limita a despertar afecto o una buena predisposición hacia tu idea o tu producto; además de conseguir la simpatía de la gente, hay que hacer que esté comprometida con lo que deseas de ella. Una manera eficaz de que se sientan en deuda contigo es hacer favores; otra es obtener un compromiso público.

Mis investigaciones me han demostrado que cuando la gente ha tomado partido por algo o ha respaldado abiertamente una postura, pocas veces tiene ganas de cambiar. Así lo corroboran otros estudios, que demuestran que hasta el menor de los compromisos, el de apariencia más trivial, puede influir mucho en lo que se haga en el futuro. En un artículo de 1983 para la revista *Personality and Social Psychology Bulletin*, un grupo de investigadores israelíes explicó que había pedido a la mitad de los residentes de un gran complejo de apartamentos que firmasen una petición a favor de que se construyera un centro recreativo para discapacitados. Como era una buena causa y la aportación que se solicitaba era modesta, casi todos accedieron a firmar. Dos semanas más tarde, el Día Nacional de la Colecta para los Discapacitados, todos los residentes del complejo fueron visitados en sus casas y se les pidió una aportación voluntaria. Entre los que no habían recibido la anterior petición, la de la firma, contribuyeron algo más de la mitad, pero entre los que sí la habían recibido, el porcentaje fue espectacular: un 92 por ciento. Los residentes del complejo se sentían obligados a estar a la altura de sus compromisos, debido al carácter activo, público y voluntario de estos últimos. Merece la pena analizar por separado estas tres características.

Tenemos pruebas empíricas muy sólidas de que una decisión tomada de forma activa —proclamada en voz alta, por escrito o explicitada por otras vías— tiene bastantes más probabilidades de orientar la conducta futura de una persona que la misma decisión cuando no se hace explícita. En 1996, en la revista *Personality and Social Psychology Bulletin*, Delia Cioffi y Randy Garner describieron un experimento con dos grupos de estudiantes universitarios: en el primer grupo los voluntarios tenían que rellenar un formulario impreso conforme estaban dispuestos a participar en un proyecto educativo sobre el sida en la enseñanza pública; los voluntarios del segundo grupo eran aquellos que dejaban en blanco un formulario que decía que el firmante no deseaba participar en el proyecto. Al cabo de pocos días, cuando se presentaron los voluntarios, el 74 por ciento eran estudiantes del grupo que había manifestado su compromiso firmando el formulario.

Para un directivo que quiera ver cumplidas sus indicaciones por parte de un subordinado, la estrategia está clara: tiene que ponerlas por escrito. Supongamos que quieres que tu empleado sea más puntual al presentar informes. Cuando creas que él está de acuerdo, pídele que resuma la decisión en un documento y que te lo envíe. Habrás incrementado mucho las probabilidades de que pase de las palabras a los hechos, porque la gente, por regla general, cuando escribe algo lo cumple.

Los estudios que se han llevado a cabo sobre las dimensiones sociales del compromiso parecen indicar que las declaraciones por escrito adquieren todavía más fuerza cuando se hacen públicas. En un experimento ya clásico cuya descripción vio la luz en 1955 en la revista *Journal of Abnormal and Social Psychology*, un grupo de estudiantes universitarios tuvo que calcular la longitud de varias líneas proyectadas sobre una pantalla. A algunos se les pidió que anotasen su cálculo en un papel y lo entregasen con su firma al experimentador. Otros escribieron sus conclusiones en una pizarra, que borraron de inmediato. A otros, por último, se les pidió que no dijesen a nadie sus resultados.

A continuación, los experimentadores presentaron a los tres grupos pruebas de que sus conclusiones iniciales podían estar equivocadas. El grupo de estudiantes que se replanteó más veces el resultado fue el de los que se habían limitado a memorizarlo. La fidelidad a las estimaciones fue mayor en el grupo que las había puesto por escrito antes de borrarlas, pero los más reacios a retractarse de sus primeros cálculos, con gran diferencia, fueron los que los habían firmado y entregado al investigador.

Este experimento pone de relieve que la mayoría de la gente quiere dar una imagen de coherencia. Volvamos al empleado que presentaba sus informes con retraso. Ahora que eres consciente de la fuerza de este impulso, una vez que hayas convencido a tu empleado de la necesidad de ser más puntual, refuerza el compromiso asegurándote de que se haga público. Una manera de lograrlo sería mandarle un correo electrónico donde pusiera: «Creo que tu plan es justo lo que nos hace falta. Se lo he enseñado a Diane, de producción, y a Phil, de envíos, y también les ha parecido perfecto». Más allá de cómo se formalicen estos compromisos, lo importante es que en ningún caso se parezcan a los propósitos de Año Nuevo que la gente se hace a sí misma y a los que, luego, renuncia sin que nadie se dé cuenta. Tienen que ser asumidos de manera pública y expuestos de modo visible.

Hace más de trescientos años, Samuel Butler escribió un pareado que sintetiza en pocas palabras por qué los compromisos deben ser voluntarios para ser duraderos y efectivos: «Al que obedece sin quererlo/ No le cambia el pensamiento». Una promesa hecha a la fuerza, por coacción o imposición externa no es una promesa, sino una carga inoportuna. Piensa en cómo reaccionarías si recibieras presiones de tu jefe para hacer donativos a la campaña de un político. ¿Aumentaría las probabilidades de que, a la hora de votar, en la intimidad del colegio electoral, te decantases por ese candidato? Lo dudo. De hecho, en su libro de 1981 *Psychological Reactance* (Academic Press), Sharon S. Brehm y Jack W. Brehm presentan datos que parecen indicar que votarías todo lo contrario, aunque solo fuera por resentimiento hacia la coacción del jefe.

Este tipo de reacción negativa también puede darse en la oficina. Volvamos otra vez al empleado tardón. Si quieres conseguir un cambio duradero en su conducta, evita el uso de amenazas o de tácticas de presión para que te haga caso. Lo más probable es que viera cualquier cambio de comportamiento como un resultado de la intimidación, no como un compromiso personal con el cambio. Es mejor buscar algo que valore de verdad en su entorno laboral —el trabajo bien hecho, por ejemplo, o el espíritu de equipo—, y explicarle luego cómo encaja dentro de esos valores la entrega puntual de los informes. Así tendrá motivos de mejora que podrá interiorizar, y una vez que los haya hecho suyos, seguirán gobernando sus actos, aunque no estés vigilándolo.

El principio de autoridad:
La gente respeta a los expertos.

Aplicación: Deja claros tus conocimientos, sin dar por sentado que son de dominio público.

Hace dos mil años, el poeta romano Virgilio daba un consejo muy sencillo a quienes querían tomar una decisión correcta: «Haz caso a un experto». Como consejo no sé si es acertado, pero como descripción real de la conducta humana es ejemplar. Si los medios informativos, por ejemplo, presentan la opinión de un experto reconocido sobre un tema, el efecto en la opinión pública es demoledor. Según un estudio de 1993 descrito en la revista *Public Opinion Quarterly*, un solo artículo con la opinión de un experto en el *New York Times* provoca un cambio del 2 por ciento en la opinión pública a escala nacional. Por otra parte, los autores de un artículo de 1987 en la revista *American Political Science Review* observaron que cuando la opinión del experto se difundía por una cadena de televisión nacional la opinión pública llegaba a cambiar en un 4 por ciento. Los cínicos alegarán que estos descubrimientos no hacen más que ilustrar la dócil sumisión de la ciudadanía, pero hay otra explicación más apropiada: en la selvática complejidad de la vida contemporánea, un experto bien elegido ofrece un atajo valioso y eficaz hacia la toma de buenas decisiones. De hecho, hay cuestiones, sean jurídicas, financieras, médicas o tecnológicas, cuya respuesta requiere tantos conocimientos especializados que no queda más remedio que recurrir a expertos.

Existen, pues, buenos motivos para que la última palabra corresponda a los expertos, y los ejecutivos harán bien en esmerarse por dejar claros sus conocimientos antes de tratar de ejercer su influencia. Sorprendentemente, con mucha frecuencia suponemos erróneamente que los demás nos reconocen y valoran como expertos. Es lo que pasaba en un hospital al que asesoré junto con otros colegas. Al equipo de fisioterapia le frustraba que muchos pacientes de embolias interrumpieran los ejercicios de rehabilitación en cuanto recibían el alta. Por mucho que el personal hospitalario insistiera en la importancia del ejercicio regular en casa —crucial, de hecho, en el proceso para recuperar la funcionalidad y la autonomía—, el mensaje no acababa de calar.

Entrevistarnos con algunos pacientes nos ayudó a comprender cuál era el problema: a pesar de que sí estaban al corriente de la formación de sus médicos, sabían muy poco de la de los fisioterapeutas que los instaban a hacer los ejercicios. Esta falta de información tuvo fácil remedio: nos limitamos a pedirle a la directora del departamento de fisioterapia que colgara todos los premios, títulos y certificados de su equipo en las paredes de las salas de terapia. El resultado fue sorprendente: el cumplimiento de los ejercicios aumentó el 34 por ciento, y desde entonces no ha vuelto a caer.

Lo que nos gratificó enormemente no fue solo que aumentase el cumplimiento, sino cómo se había logrado. No engañamos ni intimidamos a nadie, solo informamos sobre el cumplimiento de los ejercicios. No fue necesario inventarse nada, ni dedicar tiempo o recursos al proceso. Los conocimientos del personal eran reales. Solo tuvimos que hacerlos más visibles.

Los directivos que pretendan hacer patente su dominio de un tema lo tienen un poco más difícil. No basta con que cuelguen sus títulos en la pared y esperen a que se fije todo el mundo en ellos. Hace falta un poco de sutileza. Fuera de Estados Unidos es costumbre que la gente dedique algo de tiempo a relacionarse socialmente antes de empezar a hacer negocios. A menudo, cenan juntos en vísperas de la reunión o la negociación. Estos encuentros pueden agilizar la discusión y ayudar a relativizar las discrepancias (recordemos los descubrimientos sobre la simpatía y la similitud). También pueden ser una buena oportunidad para poner de manifiesto nuestros conocimientos, bien sea contando una anécdota sobre el día en que logramos resolver un problema parecido al que se planteará en la reunión del día siguiente, o bien aprovechando la cena para recordar los años dedicados a dominar una disciplina compleja, no por alardear, sino dentro del curso normal de una conversación.

No siempre hay tiempo para presentaciones largas, es verdad, pero hasta la conversación preliminar

LOS EXPERTOS EN PERSUASIÓN, POR FIN A SALVO

Gracias a varias décadas de investigaciones rigurosas y empíricas a cargo de científicos del comportamiento, nuestra comprensión del cómo y el porqué de la persuasión es más amplio, profundo y detallado que nunca, pero estos científicos no son los primeros que han estudiado el tema. La historia del estudio de la persuasión es tan ilustre como antigua, y ha generado una larga lista de héroes y mártires.

Un experto en influencia social, el prestigioso William McGuire, sostiene en un capítulo de la tercera edición de *Handbook of Social Psychology* (Oxford University Press, 1985) que entre los más de cuatro milenios de historia documentada de Occidente hay cuatro periodos en los que floreció como oficio el estudio de la persuasión. El primero fue la época de Pericles, en la antigua Atenas; el segundo surgió en los años de la república romana; el siguiente corrrespondió al período del Renacimiento europeo, y el último se extendió a lo largo de los cien años que acaban de terminar, marcados por la aparición de la publicidad y la información a gran escala, y de las campañas de los medios de comunicación. Los tres periodos históricos anteriores de estudio sistemático de la persuasión estuvieron marcados en todos los casos por grandes logros en la historia de la humanidad, interrumpidos al ser asesinados los maestros de la persuasión a instancias de las autoridades políticas. Entre los expertos en persuasión que se enfrentaron a los poderes fácticos, probablemente, el más famoso sea Sócrates, el filósofo.

El conocimiento sobre el proceso de la persuasión constituye una amenaza porque crea una base de poder completamente ajena a la que controlan las autoridades políticas. Enfrentados a una fuente de

(continúa)

LOS EXPERTOS EN PERSUASIÓN, POR FIN A SALVO

influencia rival, los gobernantes de siglos pasados no tenían reparos en eliminar a las pocas personas que entendían de verdad cómo dirigir aquellas fuerzas que los jefes de estado nunca han sido capaces de monopolizar, como el uso inteligente del lenguaje, la utilización estratégica de la información y, sobre todo, la percepción psicológica.

Quizá resulte una muestra excesiva de fe en la condición humana decir que hoy en día los expertos en persuasión ya no corren peligro por parte de quienes ostentan el poder político, pero, dado que el conocimiento de la persuasión ya no está en manos de unos pocos individuos brillantes e inspirados, es de suponer que los expertos en este campo pueden respirar con algo más de desahogo. Es más: como a la mayoría de los poderosos les interesa seguir siéndolo, es probable que ahora estén más interesados en adquirir habilidades de persuasión que en abolirlas.

que antecede a casi todas las reuniones suele brindar alguna oportunidad para referirse de pasada, como parte natural del trato entre personas, a la formación y la experiencia que puedas tener sobre el asunto que está sobre la mesa. Esta revelación previa de datos personales permite dejar claro desde el primer momento tu dominio del tema, para que, cuando la conversación derive hacia los negocios que os ocupan, lo que tengas que decir reciba el respeto que merece.

El principio de escasez: La gente quiere más de lo que menos se puede tener.

Aplicación: Destaca las ventajas singulares y la información exclusiva.

Son legión los estudios que demuestran que cuanta menos disponibilidad hay de un artículo, o de una oportunidad, más valor se les atribuye. Este dato es de enorme utilidad para los directivos, que pueden aplicar el principio de escasez a sus equivalentes organizacionales de tiempo y existencias limitadas, y de ofertas únicas. Informar sinceramente a un compañero de trabajo sobre una ventana de oportunidad a punto de cerrarse —como por ejemplo la oportunidad de ser escuchado por la jefa antes de que emprenda unas largas vacaciones— puede incentivar de modo drástico la acción.

Los vendedores pueden enseñarles a los directivos muchas cosas sobre cómo formular sus ofertas no en términos de lo que puede ganar la gente, sino de lo que se expone a perder si no aprovecha la información. El poder de este «lenguaje de la pérdida» quedó demostrado en un estudio de 1988 publicado en la revista *Journal of Applied Psychology*: a la mitad de un grupo de californianos con vivienda en propiedad les explicaron que si aislaban completamente sus hogares ahorrarían una determinada cantidad de dinero cada día; a la otra mitad les dijeron que si no los aislaban perderían diariamente la misma suma. El porcentaje de personas influidas por el lenguaje de la pérdida que aisló sus viviendas fue considerablemente mayor que en el otro grupo. En el mundo de la empresa existe el mismo fenómeno. Según un estudio de 1994 publicado en la revista *Organizational Behavior and Human Decision Processes*, las posibles pérdidas pesan mucho más en la toma de decisiones de los directivos que las posibles ganancias.

A la hora de dar forma a sus propuestas, los ejecutivos también harán bien en recordar que la información exclusiva es más convincente que los datos al alcance de todo el mundo. En 1982, uno de mis doctorandos, Amram Knishinsky, dedicó su tesis a las decisiones de compra de los mayoristas de ternera, y observó que los pedidos aumentaban más del doble cuando se les explicaba que a causa de determinadas condiciones climáticas en el extranjero era muy probable que en el futuro próximo escasease la ternera procedente de otros países. Ahora bien, cuando eran informados de que ese dato aún no lo sabía nadie más, el aumento en los pedidos era del 600 por ciento.

El poder de convicción de la exclusividad puede ser utilizado por cualquier directivo a cuyas manos llegue información que, sin estar al alcance de todos, respalde una idea o iniciativa que desee ver adoptada por la organización. La próxima vez que pase por tu mesa una información de estas características, convoca a las personas clave de tu organización. Por anodina que parezca la información en sí, la exclusividad le dará una pátina especial. Pónsela delante, diciéndoles: «Acabo de recibir este informe. No lo distribuirán hasta la semana que viene, pero quería que vosotros lo vierais antes». Verás cómo se inclinan todos hacia la mesa.

Permítaseme poner énfasis en algo que debería ser una obviedad: nunca hay que ofrecer información exclusiva, ni exhortar a entrar en acción para no perderse una oportunidad única, si no es verdad. Convencer de algo a tus compañeros de trabajo con engaños, aparte de ser éticamente reprobable, es una insensatez. El descubrimiento del engaño —porque seguro que en algún momento se descubrirá—, sofocará de golpe todo el entusiasmo que produjo la oferta. Y no solo eso, sino que invitará a engañar al que ha engañado. Recuerda la regla de la reciprocidad.

Cómo encaja todo

Estos seis principios de la persuasión no tienen nada de oculto ni oscuro. Al contrario, codifican claramente nuestra comprensión intuitiva de cómo las personas evalúan la información y toman decisiones. Por eso, la mayoría de la gente los entiende sin problemas, aunque carezca de formación académica en psicología. Sin embargo, en los seminarios y talleres que dirijo me he dado cuenta de que vale la pena hacer hincapié en dos puntos.

En primer lugar, aunque sea posible, en aras de la claridad, analizar por separado los seis principios y sus aplicaciones, conviene aplicarlos de forma combinada para reforzar su efecto. Al analizar la importancia de los conocimientos, por ejemplo, he propuesto a los directivos que aprovechen las conversaciones informales para dar a conocer sus aptitudes, pero una conversación de esas características no es solo una oportunidad de dar información, sino de obtenerla. A la vez que le demuestras a tu compañero de mesa que posees las facultades y la experiencia necesarias para resolver vuestro problema empresarial, también puedes averiguar su formación, sus gustos y sus aversiones, datos que te ayudarán a encontrar auténticas similitudes y a formular elogios sinceros. Sacando a relucir tus conocimientos, a la vez que estrechas relaciones, multiplicas por dos tu poder de persuasión. Y si consigues que se suba al barco tu compañero de mesa, es posible que también consigas enrolar a otras personas gracias al poder de convicción de la prueba social.

El otro punto en el que quiero hacer hincapié es que las normas de la ética son tan aplicables a la ciencia de la influencia social como a cualquier otra tecnología. Conseguir el beneplácito de alguien con engaños o trampas, aparte de ser éticamente reprobable, es un error en términos prácticos. Las tácticas engañosas o de mucha presión solo surten efecto a corto plazo, si es que lo surten alguna vez. Sus efectos a largo plazo son perniciosos, sobre todo dentro de las organizaciones, que no pueden funcionar debidamente si no están cimentadas en la confianza y la cooperación.

Este argumento lo muestra a la perfección la historia que contó una jefa de departamento de una gran empresa textil durante un taller de formación que yo dirigía. Describió a un vicepresidente de su empresa que conseguía comprometer públicamente a los jefes de departamento de una manera muy manipuladora: en vez de dar tiempo a sus subordinados para discutir o meditar a fondo sus propuestas, los abordaba de uno en uno en el momento más frenético de la jornada laboral y les exponía las ventajas de su plan tan efusivamente que ponía a prueba su paciencia. Luego entraba a matar: «Para mí es muy importante pensar que formas parte de mi equipo —decía—. ¿Puedo contar con tu apoyo?» Intimidados, agotados y muertos de ganas de que se fuera del despacho para poder seguir trabajando, los jefes de departamento siempre cedían a sus peticiones, pero como nunca sentían la palabra dada como algo voluntario, tampoco la cumplían, y por eso las iniciativas del vicepresidente nunca prosperaban.

La historia causó un gran impacto entre los participantes del taller. Algunos tragaron saliva, conmocionados al reconocer su propia conducta manipuladora, pero lo que dejó perplejo a todo el mundo fue la expresión de la jefa de departamento al referirse a algo tan perjudicial como el fracaso de las propuestas de su superior. Sonreía.

Me resultaría imposible exponer de una manera más clara que el uso engañoso o coercitivo de los principios de la influencia social contraviene la ética, y en términos de pragmatismo es un error; pero los mismos principios, debidamente aplicados, pueden orientar correctamente las decisiones. Los conocimientos reales, las verdaderas obligaciones, las auténticas afinidades, las pruebas sociales fidedignas, la información exclusiva y los compromisos libremente adquiridos pueden favorecer las decisiones que probablemente beneficien a ambas partes. Y cualquier enfoque del que pueda sacar provecho todo el mundo es un buen negocio, ¿no te parece? Como comprenderás, no es que te quiera presionar, pero si estás de acuerdo, estaría encantado de que pudieras ponerlo por escrito y enviármelo.

ROBERT CIALDINI es autor de *Pre-Suasión. Un método revolucionario para influir y persuadir* (Conecta, 2017). Es profesor emérito de la Universidad del Estado de Arizona, donde ocupa la cátedra Regents de psicología y marketing, y preside y dirige INFLUENCE AT WORK, una empresa de formación y oratoria con presencia en todo el mundo.

Reproducido de *Harvard Business Review*,
octubre de 2001 (producto #R0109D).

3

Tres cosas que deberían hacer los directivos a diario

Linda A. Hill y Kent Lineback

«¿Y todo eso cuándo lo vamos a hacer?» Es lo que nos preguntan siempre los nuevos directivos, esos que solo llevan semanas o meses en sus cargos, cuando les describimos las tres actividades en las que deberían centrarse para triunfar como líderes: generar confianza, construir un equipo y extender su red de contactos. La mayoría han descubierto, con gran contrariedad, que pocas veces acaban una jornada en sus nuevos cargos habiendo hecho lo que tenían planeado. Se pasan la mayor parte del tiempo resolviendo problemas imprevistos y asegurándose de que sus grupos hacen su trabajo a tiempo, dentro del presupuesto y con la eficacia que se les presupone. Sienten un descontrol exasperante porque parece que lo *urgente* (el trabajo cotidiano) siempre se antepone a lo *importante* (su labor continuada como directivos y líderes).

De ahí su rechazo: creen que lo único que hacemos es alargar su lista de tareas, cuando en realidad estos elementos clave (a los que nos referimos como «los tres imperativos del liderazgo y la dirección») no son beneficios inmediatos y fáciles, sino elementos intrínsecos y fundamentales para desarrollar la capacidad de actuar a todos los efectos como un líder. He aquí el porqué:

- *Generar confianza.* En última instancia, el éxito en el liderazgo consiste en influir en los demás, y la base de cualquier capacidad para conseguirlo es la confianza. No se puede influir en alguien que no confía en ti. El directivo, por lo tanto, debe encaminar sus esfuerzos a cultivar la confianza de todas las personas con las que trabaja, cosa que hará poniendo de manifiesto los dos componentes básicos de la confianza: la competencia y el carácter. La competencia no equivale a ser un experto en todas las actividades que emprenda el grupo, sino que significa entender adecuadamente la labor que se pretende abordar para tomar decisiones fundamentadas, además de tener el valor de hacer preguntas sobre lo que menos se domina. En cuanto al carácter, consiste en basar las decisiones y los actos en valores que vayan más allá del interés personal, e interesarse sinceramente por el trabajo, los clientes (internos o externos) para quienes se trabaja y las personas que hacen el trabajo. Si la gente está convencida de tu competencia y tu carácter, confiarán en que harás las cosas bien.

- *Crear un verdadero equipo y dirigir a través de él.* A los equipos eficaces los une un objetivo común y convincente, basado en valores compartidos. En un equipo de verdad, los vínculos entre sus miembros son tan fuertes

que todos creen sinceramente que triunfa-
rán o fracasarán unidos, y que, si pierde el
equipo, pierden todos. Aparte de los objetivos
y de los valores, los equipos fuertes también
tienen normas de trabajo, acuerdos explíci-
tos e implícitos sobre cómo trabajar juntos.
Por ejemplo, ¿qué tipos de conflicto están
permitidos y cuáles no lo están? Los líderes
inteligentes empiezan por asegurarse de que
no falte ninguno de los elementos que com-
ponen un equipo de verdad —un objetivo,
unos valores y unas normas—, y luego dirigen
a través del equipo; vaya, que en vez de decir
«hacedlo porque soy el jefe» dicen «hacedlo
por el equipo», que es un planteamiento
más potente. En los verdaderos equipos, sus
miembros dan valor a formar parte del grupo
y se esfuerzan al máximo por no fallar a sus
compañeros. El líder inteligente crea y utiliza
estos vínculos tan poderosos para moldear la
conducta del equipo.

- *Crear una red de contactos.* Todo equipo depende del apoyo y de la colaboración de personas y grupos ajenos a él. Los líderes de grupo eficaces establecen y mantienen proactivamente una red de contactos que no abarca solo a las personas necesarias para el trabajo inmediato, sino que se extiende a las que necesitará el grupo para cumplir sus futuros objetivos. Se trata sin duda alguna de una de las obligaciones que más inquieta a los nuevos gestores. A su modo de ver, el *networking* es un politiqueo manipulador que los obliga a fingir que alguien les cae bien solo porque necesitan algo de él, y ellos procuran estar por encima de esas cosas. Por desgracia, quedándose al margen también limitan de forma innecesaria su capacidad (y la del grupo) para influir en otras personas por una buena causa. La creación de redes de contactos puede parecer una maniobra interesada y de mero politiqueo, pero, si se hace de manera franca, abierta y con la sincera intención de establecer relaciones que beneficien a ambas partes, no tiene por qué ser así.

Es en este punto, una vez tratados estos tres imperativos, cuando oímos las siguientes preguntas: «¿Y cuándo vamos a generar confianza, construir un equipo y crear una red? Con la cantidad de trabajo que tenemos por delante, ¿cómo vamos a hacerlo?».

Nuestra respuesta es que los «tres imperativos», y todo lo que representan, no son tareas concretas para hacer. En lugar de ello, los líderes fuertes y eficaces gestionan y dirigen *a través* del trabajo diario. Lo hacen con su manera de definir, asignar, estructurar, comentar, analizar y, en líneas generales, orientar ese trabajo. Son maestros en el arte de usar el trabajo cotidiano y sus inevitables crisis para realizar su labor como directivos y líderes.

¿Cómo lo hacen?

Generan *confianza* aprovechando la oportunidad para demostrar sus facultades durante el trabajo diario, formulando preguntas pertinentes y propuestas adecuadas. Utilizan las decisiones y elecciones diarias para poner de manifiesto sus valores, demostrando el interés que sienten por quienes trabajan para ellos o por las personas para las que el grupo hace su trabajo. Manifiestan abiertamente lo que saben, en qué creen y qué valoran, y de esa manera demuestran que son de confianza.

Construyen un *equipo* utilizando los problemas y las crisis del trabajo cotidiano para recordarles a sus miembros cuál es el objetivo del equipo y lo que más valora. Explican sus decisiones en estos términos. Llaman enseguida la atención a cualquier miembro del equipo que infrinja alguna de sus normas de trabajo —como la de tratarse con respeto, por ejemplo—, o que anteponga sus intereses a los del grupo. Y dado que las normas valen para todos, incluido el líder, invitan a los integrantes del equipo a pedirles cuentas si alguna vez son ellos los que olvidan esas normas.

Crean una *red de contactos* aprovechando las oportunidades que brindan las actividades rutinarias —como una reunión periódica de jefes de departamento, por

ejemplo, o incluso un encuentro fortuito en el ascen-
sor— para establecer y alimentar relaciones con colegas de fuera de su grupo. Abordan conscientemente
los problemas que atañen al líder de otro grupo de
una manera que, además de resolverlos, fomente una
relación a largo plazo. Comparten información proactivamente con personas ajenas al grupo para quienes
pueda ser beneficiosa. Y animan a los integrantes de su
grupo a que adopten el mismo planteamiento al tratar
con personas que no pertenecen a él.

Evidentemente, estos son solo unos pocos ejemplos de cómo los buenos directivos utilizan su trabajo cotidiano para cumplir con los imperativos más
profundos del liderazgo, pero permiten hacerse una
idea. De hecho, si hay algo parecido a un «secreto»
para no agobiarse con los desafíos que comporta llegar a ser un líder eficaz, sin duda es este. Hemos visto
entusiasmarse a más de un nuevo directivo cuando
finalmente comprenden este principio: que el trabajo cotidiano no representa ningún impedimento
para hacer lo que hacen los buenos líderes, sino *la*

manera, la vía, de hacer casi todo lo que hacen los buenos directivos.

Una vez aprendida esta lección, tienen una visión distinta del trabajo cotidiano. Cada vez que surge una nueva tarea, un problema imprevisto, dedican un momento a distanciarse de ellos y hacerse esta pregunta: ¿Cómo puedo aprovecharlo para fomentar la confianza? ¿Para fortalecernos como equipo? ¿Para ampliar nuestra red de contactos y darle más solidez?

LINDA A. HILL ocupa la cátedra Wallace Brett Donham de administración de empresas en la Harvard Business School. Es autora de *Becoming a Manager* y coautora de *Being the Boss* y *Collective Genius: The Art and Practice of Leading Innovation* (Harvard Business Review Press, 2014). KENT LINEBACK tiene a sus espaldas muchos años como directivo y ejecutivo en la empresa privada y el gobierno. Es coautor de *Collective Genius: The Art and Practice of Leading Innovation* (Harvard University Press, 2014).

Reproducido de hbr.org, publicado originalmente el 24 de septiembre de 2015 (producto #H02DCU).

4

El aprendizaje del carisma

John Antonakis, Marika Fenley y Sue Liechti

Jana está en el podio con las manos sudorosas, mirando a cientos de colegas que esperan oírla hablar sobre su nueva iniciativa. Después del lanzamiento fallido de un producto, Bill acude a una reunión para saludar a un equipo exhausto y desmotivado que necesita como agua de mayo sus indicaciones. Robin se dispone a pedir cuentas a un subordinado brillante, pero poco cumplidor, a quien es necesario devolver al buen camino.

Todos nos hemos encontrado en situaciones de este tipo, y en todas ellas lo que se precisa es carisma, es decir, la capacidad de transmitir un mensaje claro, visionario e inspirador que seduzca y motive al público. ¿Y cómo se aprende este carisma? Muchos lo consideran algo imposible. Dicen que la gente carismática es así de nacimiento: extravertida, con una expresividad natural, y una gran capacidad de persuasión. A fin de cuentas, nadie puede aprender a ser un Winston Churchill.

Con la última afirmación todos estaremos de acuerdo, pero no así con la primera. El carisma no es del todo innato. Se trata de una habilidad, o mejor dicho, de un conjunto de habilidades, que se puede aprender y que ha sido ejercitada desde la antigüedad. Nuestras investigaciones, de laboratorio y de campo, con directivos indican que cualquier persona formada en lo que llamamos «tácticas de liderazgo carismático» (CLT, por sus siglas en inglés, *charismatic leadership tactics*) puede ser más influyente, inspirar más confianza y tener más «aire de líder» a ojos de los demás. En este artículo explicaremos esas tácticas, y cómo ayudamos a los directivos a dominarlas. De la misma manera que los deportistas recurren a un entrenamiento arduo y a una estrategia acertada para ganar una competición, los líderes que deseen volverse carismáticos tendrán que estudiar las CLT, practicarlas a rajatabla y tener una buena estrategia para aplicarlas.

¿Qué es el carisma?

El carisma se basa en valores y sentimientos. Es una influencia nacida de la alquimia que Aristóteles llamaba el *logos*, el *ethos* y el *pathos*, es decir, que quien desee convencer a otras personas deberá usar una retórica potente y razonada, afianzar su credibilidad personal y moral y, a continuación, despertar las emociones y pasiones de sus seguidores. Si un líder sabe hacer bien las tres cosas, podrá acceder a las esperanzas y a los ideales de sus seguidores, y podrá darles un objetivo en la vida e inspirarlos para que obtengan grandes logros.

Varios estudios de amplio alcance han demostrado que el carisma puede ser una baza de valor incalculable en cualquier contexto laboral, ya sea grande o pequeño, público o privado, de oriente u occidente. Los políticos conocen su importancia. Sin embargo, hay muchos directivos del mundo de la empresa que no hacen uso de él, quizá, porque no saben o porque no creen que sea tan fácil de dominar como el liderazgo transaccional (la zanahoria y el palo) o instrumental (basado en tareas). Seamos claros: para ganarse la confianza de sus seguidores, gestionar operaciones e idear estrategias, los líderes necesitan conocimientos técnicos. Tampoco está de más poder dispensar castigos y recompensas. Pero los líderes más eficaces, a la hora de alcanzar sus metas, ponen el liderazgo carismático por encima del transaccional y el instrumental.

En nuestras investigaciones hemos identificado una docena de CLT determinantes. Algunas quizá las reconozcas como técnicas con una larga tradición dentro de la oratoria. Nueve de ellas son verbales: metáforas, símiles y analogías; historias y anécdotas; contrastes; preguntas retóricas; listas tripartitas; afirmaciones de convicción moral; reflejos de los sentimientos del grupo; establecimiento de metas elevadas; y, por último, transmitir confianza en que es posible conquistarlas. Tres tácticas son no verbales: las variaciones de la voz, las expresiones faciales y los gestos.

Hay otras CLT a disposición de los líderes —como crear una sensación de urgencia, invocar la historia, usar la repetición, hablar del sacrificio y emplear el humor—, pero las doce descritas en este artículo son las que mayor efecto tienen, y pueden funcionar casi en cualquier contexto. Hemos observado en estudios y experimentos que quienes las usan adecuadamente pueden unir a sus seguidores en torno a un proyecto de una manera que no está al alcance de los otros. En ocho de las diez últimas campañas a la presidencia de Estados Unidos, por ejemplo, el candidato que ganó las elecciones fue el que desplegó CLT más frecuentemente. Por otra parte, al medir las dotes de «buena» presentación —como la estructuración del discurso, la claridad de la pronunciación, el uso de un lenguaje fácilmente comprensible, el tempo del discurso y la comodidad del orador— y comparar sus efectos con los de las CLT, hemos constatado que estas últimas desempeñaban un papel mucho mayor a la hora de determinar a quién se percibía más como un líder, una persona competente y de confianza.

A pesar de todo, no parece que estas tácticas sean muy conocidas o se enseñen habitualmente en el mundo empresarial. En líneas generales, los directivos que las practican las han aprendido a través de la prueba y el error, es decir, sin pensar en ellas de manera consciente. Como nos comentó uno de los directivos que siguieron nuestros cursos, «yo uso muchas de estas tácticas, algunas sin darme ni cuenta». Sin embargo, no es un aprendizaje que deba dejarse al azar.

La manera que nosotros tenemos de enseñar las CLT a los directivos es escalonada: primero se sintetizan los conceptos, y luego se muestran noticias y secuencias de películas que proporcionen ejemplos del mundo de los negocios, del deporte y de la política. A continuación, los directivos deben experimentar con las tácticas y aplicarlas: en vídeo, ante sus compañeros y de forma individual. Un grupo de ejecutivos europeos de nivel intermedio (y un promedio de edad de treinta y cinco años) que lo hizo dentro de nuestros cursos casi multiplicó por dos el uso de CLT en sus presentaciones, y a consecuencia de ello vio que la calificación de su competencia como líderes aumentaba, de media, el 60 por ciento. A partir de entonces pudo aplicar las mismas tácticas a sus trabajos. Fue lo mismo que observamos en otro grupo de ejecutivos (de una media de edad de cuarenta y dos años) de una gran empresa suiza. En términos generales, hemos constatado que aproximadamente el 65 por ciento de las personas formadas en CLT reciben puntuaciones por encima de la media como líderes, frente a solo el 35 por ciento de quienes no han recibido la misma formación.

El objetivo no es usar solamente las CLT al hablar en público, sino que se trata de usarlas en las conversaciones cotidianas para ser más carismáticos en todo momento. Si las tácticas funcionan es porque te ayudan a establecer un vínculo emocional con tus seguidores, al tiempo que te permiten ser visto como un líder más poderoso, competente y merecedor de respeto. En griego, la palabra *carisma* significa «don especial». Si empiezas a usar correctamente las CLT, eso es lo que la gente comenzará a pensar que tienes.

Pasemos a ver las tácticas con más detalle.

Conecta, compara y contrasta

Los oradores carismáticos ayudan a sus oyentes a entender un mensaje, identificarse con él y recordarlo. Para lograrlo es muy eficaz el uso de *metáforas, símiles* y *analogías*. Un maestro de la metáfora fue Martin Luther King, que en su discurso «Tengo un sueño», por ejemplo, comparó la Constitución de Estados Unidos con «un pagaré» que garantizaba los derechos inalienables a la vida, a la libertad y a la búsqueda de la felicidad para todas las personas. Sin embargo, señaló que, en cambio, a sus ciudadanos negros, Estados Unidos les había dado «un mal cheque», un cheque

defectuoso que era devuelto por no tener «fondos suficientes». Todo el mundo sabe lo que significa recibir
un cheque sin fondos. Se trata de un mensaje de una
claridad meridiana y fácil de retener.

También las metáforas pueden ser eficaces en
cualquier situación profesional. Joe, un directivo con
quien trabajamos, usaba una para que su equipo es-
tuviera predispuesto a respaldar un traslado urgente.
Así daba la noticia: «Cuando el consejo me lo comu-
nicó, fue como la noticia de un embarazo deseado
desde hacía tiempo. La diferencia es que, en vez de
nueve meses, tenemos cuatro para prepararnos». El
equipo comprendía enseguida que estaba a punto de
vivir una transición incómoda, pero en último tér-
mino satisfactoria.

Las *historias y anécdotas* también hacen más atrac-
tivos los mensajes, y ayudan a los oyentes a identificarse
con el orador. Incluso quien carece de talento innato
como contador de historias puede usarlas de una forma
atractiva. Veamos un ejemplo de un discurso que pro-
nunció Bill Gates en Harvard, en el que instaba a los

licenciados a formarse una idea más amplia de sus obligaciones: «Mi madre [...] nunca se cansaba de presionarme para que ayudara más a los demás. Pocos días antes de mi boda, como anfitriona de un evento nupcial, leyó en voz alta una carta que le había escrito a Melinda sobre el matrimonio. En esa época mi madre estaba muy enferma de cáncer, pero vio otra ocasión de transmitir su mensaje, y al final de la carta [citó]: "De los que mucho reciben, mucho se espera."»

Lynn, otra directiva a quien estudiamos, usó la siguiente historia para motivar a sus subordinados durante una crisis: «Esto me recuerda el desafío al que nos enfrentamos mi equipo y yo hace unos años, al escalar el Eiger. En la cima, nos pilló el mal tiempo y podríamos haber muerto todos, pero conseguimos sobrevivir gracias a que trabajamos unidos. E hicimos posible lo que al principio parecía imposible. Ahora estamos en medio de una borrasca económica, pero si nos mantenemos unidos podremos darle la vuelta a la situación y salir victoriosos». La historia dio confianza a su equipo, y lo estimuló.

Los *contrastes* son una CLT clave, porque combinan la razón y la pasión: aclaran tu postura contraponiéndola a la opuesta, con efectos a menudo dramáticos; acordémonos, por ejemplo, de John F. Kennedy y su «no preguntéis qué puede hacer vuestro país por vosotros, sino qué podéis hacer vosotros por vuestro país». A nosotros la experiencia nos ha enseñado que el contraste es una de las tácticas más fáciles de aprender y de aplicar. Aun así, no se hace bastante uso de ella. Veamos algunos ejemplos de directivos recién formados en las CLT. Gilles, vicepresidente de una empresa, hablando con un empleado a su cargo cuyo equipo tenía un rendimiento insuficiente: «Me parece que estás jugando demasiado en la defensa, cuando lo que tienes que hacer es pasar al ataque». (También es una metáfora). Sally, dándose a conocer a su nuevo equipo: «No he pedido dirigir la división médica porque sea la mejor ubicada, sino porque creo que podemos conseguir algo grande para nuestra empresa, y al mismo tiempo contribuir a salvar vidas».

Implica y condensa

Por manidas que puedan parecer las *preguntas re-tóricas*, los líderes carismáticos recurren mucho a ellas para fomentar la implicación. Pueden ser preguntas cuya respuesta caiga por su propio peso o bien que planteen un enigma cuya respuesta no se especifique hasta más tarde. Volvamos a Martin Luther King. «Hay quien les pregunta a los partidarios de los derechos civiles: "¿Cuándo os daréis por satisfechos?"», dijo en cierta ocasión, y a continuación demostró que los oprimidos nunca pueden darse por satisfechos. Una vez, Anita Roddick —la fundadora de The Body Shop— usó tres preguntas retóricas para explicar qué la había impulsado a ayudar a poner en marcha el movimiento de la responsabilidad social. Según ella, el razonamiento «fue muy sencillo: ¿Cómo pueden volverse más amables los negocios? ¿Cómo pueden integrarse en la comunidad? ¿Cómo se puede convertir la comunidad en un objetivo social para los negocios?»

Esta táctica también da buen resultado en las conversaciones privadas. Un ejemplo sería Mika, una de las directivas de nuestro estudio, que logró motivar a un subordinado poco cumplidor preguntándole: «¿Bueno, y ahora adónde quieres ir? ¿Otra vez a tu despacho a compadecerte de ti mismo? ¿O quieres demostrar de qué eres capaz?» Otra pregunta (que también hace uso de la metáfora), esta vez de Frank, un ejecutivo del sector TI que se vio en la necesidad de rebajar las metas poco realistas que le habían puesto: «¿Cómo esperáis que le cambie el motor a un avión en pleno vuelo?»

Las *listas tripartitas* son otro viejo truco útil para persuadir, porque condensan cualquier mensaje en puntos clave. ¿Por qué tres? Porque la mayoría de la gente es capaz de acordarse de tres cosas, porque tres son suficientes para demostrar la existencia de unas constantes, y porque el tres da impresión de completo. Las listas tripartitas se pueden anunciar, como en «necesitamos tres cosas para que el balance salga de los números rojos», o pasar desapercibidas como en la oración anterior a esta.

Serge, directivo de nivel medio, utilizó la siguiente lista en una reunión de equipo: «Tenemos el mejor producto del mercado. Tenemos el mejor equipo. Pero no hemos cumplido el objetivo de ventas». Y esta es la que utilizó Karin, jefa de división, durante un discurso a sus subordinados: «Podemos darle la vuelta con una estrategia de tres puntos. Primero tenemos que recapitular y ver qué hemos hecho bien. Luego tenemos que ver en qué nos hemos equivocado. Y luego tenemos que preparar un plan que convenza al consejo de que nos asigne recursos para hacerlo bien la próxima vez».

Muestra integridad, autoridad y pasión

Las *expresiones sobre convicciones morales y las declaraciones que reflejan los sentimientos del grupo* —incluso si estos últimos son negativos— te otorgan una credibilidad que pone de manifiesto de qué pasta estás hecho, y ayuda a que tus oyentes se identifiquen contigo y se pongan de tu lado. Al final de la Segunda

Guerra Mundial, el Día de la Victoria, Winston Churchill supo captar con gran acierto el sentir de los británicos y también transmitir un espíritu de honor, valentía y compasión. Dijo: «Es vuestra hora. No es la victoria de un partido político o de una clase social. Es la victoria de la gran nación británica en su conjunto. Fuimos los primeros, en esta antigua isla, en desenvainar la espada contra la tiranía. [...] Estábamos solos. Se apagaron las luces y cayeron las bombas. Pero a ningún hombre, mujer o niño del país se le ocurrió desistir de su empeño. [...] Ahora hemos salido de una lucha mortal; ha sido arrojado al suelo un terrible enemigo, que espera nuestro juicio y nuestra clemencia».

Otro buen ejemplo de convicción moral (y de unas cuantas CLT más) se lo debemos a Tina, una directiva de una ONG que aboga por un cambio muy necesario en la cadena de suministro: «¿Quién os creéis que pagará el caos logístico que hemos creado? No perjudicará a nuestros donantes; serán los niños, a los que se supone debemos alimentar, los que se acostarán una vez más con el estómago vacío, y tal vez no sobrevivan hasta la mañana siguiente. Aparte de ser un despilfarro de dinero, no está bien, sobre todo teniendo tan fácil solución». Oigamos ahora a Rami, un alto directivo del sector TI formado en CLT, reflejando con pericia los sentimientos de desánimo de su equipo: «Sé lo que estáis pensando, porque yo pienso lo mismo. Estamos todos desilusionados y desmotivados. Algunos me habéis dicho que habéis pasado noches sin dormir; otros, que por culpa de esto hay tensiones en el equipo e incluso en casa. Para mí, personalmente, la vida se ha vuelto gris y desabrida. Sé lo duro que hemos trabajado todos, y la amargura que sentimos por lo cerca que hemos estado del éxito. Pero no será así durante mucho tiempo. Tengo un plan».

Otra CLT, que ayuda a los líderes carismáticos a exhibir pasión —y a contagiársela a sus seguidores—, es *poner muy alto el objetivo*. Gandhi se propuso uno casi imposible (con elevado valor moral): liberar a la India del dominio británico sin recurrir a la violencia, como expuso en su famoso discurso «Dejen India». Un ejemplo del mundo de la empresa que citamos a menudo se debe al exdirector general de Sharp, Katsuhiko Machida. En 1998, en un momento en que Sharp corría el riesgo de venirse abajo, el mercado de los televisores estaba dominado por los tubos de rayos catódicos y la idea de usar tecnología LCD era inviable, Machida dio energías a sus empleados con una afirmación inconcebible: «En 2005, todos los televisores que vendamos en Japón serán modelos LCD».

Sin embargo, también es necesario *transmitir confianza en que los objetivos se pueden cumplir.* Gandhi señaló: «Sé que el gobierno británico no podrá negarnos la libertad cuando hayamos hecho suficiente sacrificio personal». En un discurso posterior mostró su convicción de forma más rotunda: «Aunque se opongan a mí todas las Naciones Unidas, aunque me abandone toda India, diré: "Os equivocáis. India, con la no violencia, arrancará su libertad de manos de quien se resiste a dársela." Seguiré adelante, no solo por India, sino por el mundo. Aunque mis ojos se cierren antes de que haya libertad, la no violencia no terminará». Machida expuso personalmente su visión a los ingenieros de Sharp para convencerlos de que podían hacer realidad un objetivo tan arriesgado como el suyo. Lo convirtió en el proyecto más importante de la compañía, puso a trabajar en él a equipos interfuncionales de desarrollo de LCD y de televisión, y les dijo sin rodeos que era básico para la supervivencia de Sharp. Otro ejemplo es el de Ray, un ingeniero conocido nuestro, que después de un revés se dirigió a su equipo en los siguientes términos: «El plazo que nos ha dado el director es de los que intimidan. A otros equipos les temblarían las piernas y con razón, pero nosotros no somos un equipo cualquiera. Sé que podéis estar a la altura. Creo en vosotros, en todos, lo cual significa que creo que en tres meses podremos mandar el prototipo a fábrica. Comprometámonos a hacer lo que haga falta para conseguirlo. La inteligencia la tenemos. La experiencia también. Solo necesitamos voluntad, y eso solo lo tienen los grandes equipos». La única manera de que salga a relucir la pasión es que el líder esté sinceramente convencido de que la visión y el objetivo estratégico son factibles.

Las tres señales no verbales —las *expresiones de la voz, del cuerpo y de la cara*— también son determinantes para el carisma, aunque no a todo el mundo le salen con naturalidad; además, en el aspecto cultural son las tácticas más delicadas: lo que en algunos contextos asiáticos se percibe como un exceso de pasión puede ser percibido como demasiada contención en los del sur de Europa. Aun así, es importante aprenderlas y practicarlas, porque a tus seguidores les es más fácil procesarlas que las CLT verbales, y te ayudan a mantener la atención de la gente marcando la puntuación del discurso. (Para más información sobre estas tácticas, véase el recuadro «El carisma en la voz y en el cuerpo»).

Ponerlo todo en práctica

Ahora que has aprendido las CLT, ¿cómo empezarás a usarlas? Muy fácil: con preparación y práctica. Cuando prepares un discurso, o una presentación, no dejes nunca de planificar la incorporación de las

EL CARISMA EN LA VOZ Y EN EL CUERPO

Tres tácticas para expresar pasión... y ganarse a los oyentes.

Variaciones de la voz

El orador apasionado varía el volumen de su voz, susurrando en los momentos adecuados o subiendo el tono gradualmente para destacar un argumento. La emoción —tristeza, alegría, entusiasmo, sorpresa— debe notarse en la voz. También son importantes las pausas, porque transmiten control.

Expresiones faciales

Ayudan a reforzar el mensaje. No basta con que se oiga tu pasión. Tiene que ser visible para tus oyentes, sobre todo si les cuentas una historia o reflejas sus sentimientos. Asegúrate de mirarlos a los ojos (una de las premisas del carisma), y aprende a estar cómodo cuando sonrías, frunzas el ceño o sueltes una carcajada en el trabajo.

Gestos

Son señales para tus oyentes. Un puño puede reforzar la confianza, el poder y la certeza. Agitar la mano, señalar o dar golpes en la mesa puede ayudar a captar la atención.

---

tácticas y ensayarlas. También animamos a los líderes a plantearse su uso antes de conversaciones individuales o reuniones de equipo en las que necesiten ser persuasivos. La idea es armarse de unas cuantas CLT clave con las que se esté cómodo, y que por lo tanto saldrán espontáneamente (o al menos lo parecerá). Los líderes que entrenamos nosotros para mejorar su carisma trabajan en grupo e intercambian impresiones entre ellos. También puedes pedirle a tu pareja, o a un compañero de trabajo con quien tengas amistad, que haga lo mismo, o grabarte en vídeo y hacerte una autocrítica.

El objetivo no es aplicar todas las tácticas en todas las conversaciones, sino emplear una combinación equilibrada. Con tiempo y práctica empezarán a salirte sobre la marcha. Un directivo amigo nuestro, que conoció a su mujer después de formarse en CLT, le enseñó sus vídeos «de antes», y nos contó que ella no se creía que fuera la misma persona. El que se había casado con ella era el hombre carismático de los vídeos de «después» —cuyo uso de CLT había aumentado más del doble—. Otro directivo, que aprendió las tácticas hace seis años, y que desde entonces ha llegado a ser director de operaciones de su empresa, dice que ahora las usa cada día —personal y profesionalmente—, por ejemplo, en un discurso que dio recientemente a su equipo sobre un traslado que, a consecuencia de ello, salió «mucho mejor de lo esperado».

Si crees que no puedes mejorar, porque no eres carismático por naturaleza, te equivocas. Los directivos que al principio de nuestros estudios presentaban los índices más bajos de carisma lograron reducir considerablemente la brecha con otros a quienes las tácticas les salían con naturalidad. Es verdad que ni con toda la formación y la práctica del mundo te convertirás en Churchill o en Martin Luther King, pero las CLT pueden volverte más carismático a ojos de tus seguidores, lo cual te convertirá, sin duda, en un líder más eficaz.

JOHN ANTONAKIS es profesor de economía y ciencias empresariales en la Universidad de Lausana, Suiza, y asesora a empresas sobre fomento del liderazgo. MARIKA FENLEY se doctoró en administración de empresas por la Universidad de Lausana, con una tesis sobre género y liderazgo. SUE LIECHTI, máster en psicología por la Universidad de Lausana, trabaja como consultora de desarrollo organizativo.

Reproducido de *Harvard Business Review*, junio de 2012 (producto #R1206K).

5

Gánate a la gente interpelando sus deseos y necesidades

Nancy Duarte

a práctica de la empatía puede ser difícil, porque solo abandonando nuestra zona de confort logramos entender el punto de vista de otra persona, pero es indispensable para ser influyente.

Cuando los actores de método nos emocionan hasta el punto de cambiar nuestra forma de sentir, pensar o actuar, lo hacen así: se sumergen profundamente en sus personajes y prueban nuevas maneras de ser y de comportarse. Incluso a veces sus experimentos con la identidad forman parte del argumento, como en *Cómo ser John Malkovich, Avatar* o *Tootsie*.

Durante el rodaje de *Tootsie*, ponerse en la piel de una mujer dejó tal huella en Dustin Hoffman que, treinta años después, durante una entrevista para el

American Film Institute, se le saltaron las lágrimas al recordar la decisión de interpretar ese papel.

Antes de aceptar su participación en la película, Hoffman hizo unas cuantas pruebas de maquillaje para ver si podía ser creíble como mujer. Al descubrir que podía tener un pase, pero que *guapa* no sería, se dio cuenta de que no podía decir que no al proyecto. Como le explicó a su mujer, «creo que soy una mujer interesante [como Dorothy Michaels]. Y sé que si yo me conociera a mí mismo en una fiesta, no hablaría con un personaje así, porque físicamente no cumple los requisitos que nos inculcan sobre lo que tiene que tener una mujer para que le pidamos una cita. [...] Hay demasiadas mujeres interesantes a quienes no he conocido en esta vida porque me hicieron un lavado de cerebro». La empatía hizo que la interpretación de Hoffman —y el mensaje de la película— fuese más convincente y potente.

En el mundo de la empresa pasa lo mismo: el éxito depende de lo capaz que seas de captar los deseos y necesidades de tu entorno, tanto si intentas que tu equipo adopte una nueva manera de trabajar como si pides financiación a unos inversores, defiendes tu producto ante el consumidor, o ruegas a la gente que contribuya con tu causa. Así lo hemos comprobado una y otra vez en mi empresa, cuando creábamos presentaciones para algún cliente y le enseñábamos a comunicarlas con eficacia. Si la gente se siente escuchada, se vuelve más receptiva a tu mensaje; y si escuchas de verdad, a su vez, conocerás mucho mejor lo que en realidad necesita —no solo lo que crees que necesita—, lo cual, a largo plazo, fortalecerá tus relaciones con las partes implicadas.

¿Cómo se fomenta la capacidad de empatizar? Una herramienta útil son los ejercicios, que también se usan en otros muchos campos: compradores secretos que se hacen pasar por simples clientes y anotan sus observaciones, desarrolladores de producto que analizan casos de uso en sesiones de *brainstorming* y entrevistan a los consumidores para prever su interacción con un producto, negociadores que organizan juegos de rol para imaginarse los puntos de vista en litigio antes de sentarse a la mesa de negociaciones...

A partir del momento en que empiezas a desarrollar la empatía como habilidad, puedes convertirla en parte integrante de tu trabajo. Una opción es intentar visualizar los puntos de vista de las partes implicadas, como hicieron Brian Chesky, el director general de Airbnb, y su equipo. En un artículo de *Fast Company* se explica cómo prepararon un guion gráfico o *storyboard* sobre el huésped, el anfitrión y los procesos de alquiler inspirándose en las películas de Disney. Elaboraron una lista de los momentos clave de las tres experiencias y, a continuación, desarrollaron los más importantes y que tenían una mayor carga emocional, convirtiéndolos en narraciones de mayor extensión. Según Nathan Blecharczyk, uno de los fundadores, aprendieron mucho: «Lo que dejaban claro los guiones gráficos es que se nos pasaba por alto una gran parte del panorama general. [...] Había muchos momentos importantes en los que no estábamos haciendo nada». Al final, los guiones gráficos ayudaron a la compañía a definir su estrategia para aplicaciones móviles e incluso inspiraron nuevas funciones que permitieron a Airbnb conectar con el viajero dondequiera que estuviese.[1]

Asimismo, es esencial que escuches atentamente a las partes implicadas y te asegures de entender bien lo que dicen. Es lo que hacen los árbitros en una disputa para formarse una idea de lo que necesitan las dos partes antes de intentar discurrir alguna solución. Cuando un ejecutivo se incorpora a una empresa, muchas veces se embarca en un «*tour* de escucha» para conocer la perspectiva de los empleados y de los clientes sobre los problemas y las oportunidades.

Fue lo que hizo Lou Gerstner en los años noventa, cuando el consejo de IBM recurrió a él para darle un vuelco a la compañía, que estaba casi en quiebra. A su *tour* de escucha Gerstner le puso el nombre de Operation Bear Hug, «Operación Abrazo del Oso». Dio tres meses a los directivos para reunirse con clientes y preguntarles qué problemas se les resistían y cómo podía ayudarlos IBM. Gerstner también llamaba cada día a clientes por su cuenta. Y daba «abrazos de oso» a los empleados cuando recorría las diversas sucursales de IBM y organizaba reuniones para compartir actualizaciones, poner ideas a prueba y analizar inquietudes. Mantenía sesiones de 90 minutos de preguntas y respuestas con el personal, sin ningún tipo de guion previo, y en esas sesiones llegó a hablar directamente con veinte mil empleados.

«Escuchaba y me esforzaba muchísimo por no extraer conclusiones», declaró más tarde.

Fue un paso importante en el proceso de elaboración de estrategias, proceso que permitió al equipo ejecutivo hacer planes para devolver a IBM su peso y su competitividad; no solo eso, sino que desembocó en una transformación más profunda en la cultura de IBM, que de ser una burocracia centrada en sí misma pasó a ser una empresa innovadora y atenta al mercado.

Empatiza con las personas a quienes necesites convencer para que compren tu producto o tus servicios, o para que trabajen duro para ti. Así, tus ideas serán mucho mejores y valdrá más la pena escucharte. Y si las partes interesadas, a su vez, pueden empatizar contigo, estarás más cerca de establecer con ellas relaciones auténticas y duraderas.

NANCY DUARTE es directora general de Duarte Design, y autora de *Presentaciones persuasivas* (Reverté, 2016), así como de dos libros sobre el arte de presentar, *Slide:ology: Arte y ciencia para crear presentaciones convincentes* (Conecta, 2011) y *Resonancia (Resonate): Cómo presentar historias visuales que transformen a tu audiencia* (Planeta, 2012). También es coautora con Patti Sanchez de *Illuminate: Ignite Change Through Speeches, Stories, Ceremonies, and Symbols* (Portfolio, 2016).

Nota

1. S. Kessler, «How Snow White Helped Airbnb's Mobile Mission», *Fast Company*, 8 de noviembre de 2012, http://www.fastcocreate.com/1681924/how-snow-white-helped-airbnbs-mobile-mission; N. Blecharczyk, «Visualizing the Customer Experience», Sequoia Capital, https://www.sequoiacap.com/article/visualizing-customer-experience/; A. Carr, «Inside Airbnb's Grand Hotel Plans», *Fast Company*, 17 de marzo de 2014, http://www.fastcompany.com/3027107/punk-meet-rock-airbnb-brian-chesky-chip-conley.

Reproducido de hbr.org, publicado originalmente
el 12 de mayo de 2015 (producto #H0228V).

6

Historias que emocionan a la gente

Bronwyn Fryer entrevista a Robert McKee

L a persuasión es el eje de la actividad empresarial. A los clientes hay que convencerles para que compren los productos y servicios de la empresa, a los empleados y colegas para que se presten a un nuevo plan estratégico o a una reorganización, a los inversores para que compren (o no vendan) las acciones de la compañía, y a los socios para que firmen el próximo acuerdo. Sin embargo, a pesar de lo determinante que es la persuasión, a la mayoría de los ejecutivos les cuesta comunicar, y no digamos inspirar. Con demasiada frecuencia se pierden en el galimatías de la jerga empresarial: presentaciones de Power-Point, informes aburridos y cartas hiperbólicas del departamento de comunicación de la empresa. Hasta las iniciativas más estudiadas y pensadas son recibidas sistemáticamente con cinismo, fatiga, o, simple y llanamente, se rechazan.

¿Por qué es tan difícil convencer? ¿Qué se puede hacer para que prenda la llama del entusiasmo? Buscando la respuesta a estas preguntas, Bronwyn Fryer, editora sénior de *Harvard Business Review*, fue a ver a Robert McKee, el conferenciante más famoso y respetado del mundo sobre escritura de guiones, a su casa de Los Ángeles. Guionista y director con varios premios en su trayectoria, McKee se instaló en Los Ángeles después de doctorarse en artes cinematográficas por la Universidad de Michigan, y tras dar clases en la Escuela de Cine y Televisión de la Universidad del Sur de California creó su propia empresa, Two Arts, a fin de llevar por todo el mundo sus conferencias sobre el arte de contar historias ante un público de guionistas, directores, productores, actores y ejecutivos del sector del entretenimiento.

Entre los centenares de películas de éxito cuyo guion, dirección o producción han corrido a cargo de alumnos de McKee pueden citarse *Forrest Gump*, *Erin Brockovich*, *El color púrpura*, *Gandhi*, *Los caballeros de la mesa cuadrada*, *Algo para recordar*, *Toy Story* y *Nixon*. Sus discípulos acumulan dieciocho premios Óscars, ciento nueve premios Emmy, diecinueve premios del Sindicato de Guionistas y dieciséis del Sindicato de Directores de Estados Unidos. Brian Cox, galardonado con un Emmy, hizo un retrato de McKee en la película de 2002 *El ladrón de orquídeas*, que cuenta la vida de un guionista embarcado en una adaptación del libro homónimo. McKee también asesora en sus proyectos a productoras de cine y de televisión como Disney, Pixar y Paramount, y a grandes compañías (como Microsoft) que cada cierto tiempo envían a sus equipos creativos al completo a escuchar sus conferencias.

McKee está convencido de que, si los ejecutivos prescinden de sus presentaciones de PowerPoint y aprenden a contar buenas historias, pueden llevar a otro nivel la comunicación con sus oyentes. En su éxito de ventas *El guion. Sustancia, estructura, estilo y principios de la escritura de guiones*, publicado en 1997 por HarperCollins, sostiene que los relatos satisfacen «la profunda necesidad humana de comprender los patrones de la vida, no solamente como ejercicio intelectual, sino dentro de una experiencia muy personal y emotiva».

He aquí una transcripción editada y abreviada de la conversación de McKee con *HBR*.

¿Por qué debería prestar atención a un guionista el director general de una empresa o uno de sus directivos?

Gran parte del trabajo de un director general es motivar a la gente para que cumpla una serie de objetivos. Para eso tiene que apelar a sus emociones, y si se quiere llegar al corazón, hay una clave que es hacerlo a través del relato. Existen dos maneras de convencer a la gente. La primera es usar la retórica convencional, que es lo que se le enseña a la mayoría de los ejecutivos. Se trata de un proceso intelectual, y en el mundo de la empresa suele consistir en una presentación de PowerPoint durante la que dices: «Este es el reto principal de nuestra empresa y esto es lo que tenemos que hacer para triunfar». Luego argumentas tu postura a base de estadísticas, datos y citas de autoridades. Pero la retórica tiene dos problemas. El primero es que la gente a quien te diriges tiene sus propias autoridades, estadísticas y experiencias. Mientras intentas convencerlos, ellos debaten contigo mentalmente. El segundo problema es que, aunque consigas convencerlos, solo lo habrás hecho a nivel intelectual, lo cual no basta, porque los actos de la gente no se estimulan solo con la razón.

La otra manera de convencer a la gente —en última instancia, mucho más poderosa— es vincular una idea a una emoción, y la mejor manera de hacerlo es contando una historia convincente. En una historia no solo vas incorporando una gran cantidad de información conforme vas contándola, sino que despiertas las emociones y la energía de las personas que te escuchan. Convencer con una historia es difícil. Sentarse a hacer listas puede hacerlo cualquier persona inteligente. Diseñar un argumento mediante la retórica convencional requiere raciocinio, pero poca creatividad. En cambio, presentar una idea con la suficiente fuerza emocional para ser memorable requiere grandes dosis de intuición y facultades narrativas. Si haces un buen uso de la imaginación y de los principios en los que se basan las buenas historias, conseguirás que te aplaudan a rabiar, en vez de bostezar e ignorarte.

¿Y qué es una historia?

Básicamente, las historias cuentan cómo y por qué la vida cambia. Empiezan por una situación de relativo equilibrio vital: llegas cada día del trabajo, y las semanas van pasando sin grandes sobresaltos. Tu expectativa es que siga todo igual, pero de repente pasa algo —lo que los guionistas llamamos el «incidente inductor»— que trastoca el equilibrio de la vida. Cambias de trabajo, se muere el jefe de un infarto o un cliente importante amenaza con irse. La historia pasa a describir cómo chocan las expectativas subjetivas del protagonista con una realidad objetiva y refractaria a sus esfuerzos por restablecer el equilibrio. Los buenos narradores describen la pugna contra estos obstáculos que obligan al protagonista a dar más de sí, trabajar con menos recursos, tomar decisiones difíciles, enfrentarse a los riesgos y, finalmente, descubrir la verdad. Desde el principio de los tiempos, todos los grandes narradores —desde los antiguos griegos hasta Shakespeare y la época actual— han lidiado con este conflicto fundamental entre la expectativa subjetiva y la dura realidad.

¿Cómo podría aprender a contar historias un ejecutivo?

Nos han inculcado miles de historias desde que nuestra madre nos sentaba en sus rodillas. Hemos leído buenos libros, hemos visto películas, hemos ido al teatro... Es más: los seres humanos sienten el deseo natural de funcionar a través de historias. Los psicólogos cognitivos explican que el cerebro humano, al intentar entender y recordar las cosas, ensambla los fragmentos de experiencias para formar una historia que empieza por un deseo personal, un objetivo vital, y luego plasma su lucha contra las fuerzas que le impiden cumplirlo. Nuestra manera de recordar las cosas es a través de historias. De las listas y las enumeraciones tendemos a olvidarnos.

Aparte de entender el pasado de sus compañías, los hombres y mujeres de negocios tienen que proyectar el futuro. ¿Y cómo nos imaginamos el futuro? Como una historia. Creamos mentalmente escenarios de posibles sucesos futuros para intentar prever la trayectoria de la empresa o nuestra vida personal. Por lo tanto, a partir del momento en que un hombre o mujer de negocios comprende que su cerebro desea por naturaleza enmarcar la experiencia en una historia, la clave para despertar las emociones del público no será resistirse a ese impulso, sino aceptarlo contando una buena historia.

¿Qué hace que una historia sea buena?

Lo que hay que evitar, y eso lo subrayo, es contar una historia con principio y final que describa cómo se ajustan los resultados a las expectativas. Sería aburrido y banal. De lo que se trata es de plasmar con toda su crudeza los tira y afloja entre lo que se espera y la realidad.

Imaginemos, por ejemplo, la historia de una *start-up* biotecnológica a la que llamaremos Chemcorp, y cuyo director general tiene que convencer a unos banqueros de Wall Street de que inviertan en la compañía. Podría decirles que Chemcorp ha descubierto un compuesto químico que previene los infartos, y enseñarles un montón de diapositivas que ilustraran las dimensiones del mercado, el plan de empresa, el esquema organizativo y demás. Los banqueros asentirían con educación, disimulando los bostezos y pensando en todas las demás empresas que están mejor posicionadas que Chemcorp dentro del mercado.

Otra posibilidad sería que el director general convirtiera su presentación en un relato, cuyo punto de partida fuese la muerte de alguien cercano —su padre, por ejemplo— a causa de un ataque al corazón. El primer antagonista al que debe vencer el director, erigido en protagonista de la historia, sería, por lo tanto, la propia naturaleza. La historia podría seguir así: desolado, el protagonista se da cuenta que de haber existido algún indicador químico de dolencia cardíaca se podría haber evitado la muerte de su padre. Su compañía descubre una proteína presente en la sangre justo antes de los infartos, y crea un test de bajo coste y fácil de administrar.

Pero ahora se enfrenta con un nuevo antagonista: las autoridades sanitarias. El proceso de aprobación está plagado de contratiempos. La primera solicitud es rechazada, pero al poco tiempo se hacen públicas nuevas investigaciones que demuestran que el test funciona incluso mejor de lo que se esperaba, y las autoridades dan el visto bueno a la segunda petición. Entretanto Chemcorp se está quedando sin dinero, un socio clave se desvincula de ella para fundar su propia compañía. Ha empezado una lucha a muerte por la patente.

Esta acumulación de antagonistas genera un gran suspense. El protagonista ha introducido en la cabeza de los banqueros la idea de que la historia podría no tener un final feliz. A estas alturas, los tiene completamente en vilo. Es entonces cuando dice: «Ganamos la carrera, nos dieron la patente y estamos listos para darnos a conocer y salvar doscientas cincuenta mil vidas al año», y los banqueros empiezan a tirarle dinero.

¿En el fondo no está hablando de exageraciones y de manipulaciones?

No. Aunque los hombres y mujeres de negocios suelan desconfiar de las historias, por las razones que da usted a entender, lo cierto es que las estadísticas se pueden usar para contar mentiras como catedrales, y que muchos informes de cuentas son mentiras maquilladas. No hay más que pensar en Enron y WorldCom.

Cuando me piden ayuda para convertir presentaciones en historias, lo primero que hago son unas preguntas. Es como si psicoanalizara a las empresas, y me entero de unos dramas increíbles. Lo que ocurre es que la mayoría de las empresas y de los ejecutivos esconden debajo de la alfombra los trapos sucios, las dificultades, los antagonismos y las tensiones. Prefieren que el mundo los vea de color de rosa (y aburridos). Como contador de historias, en cambio, te conviene poner los problemas en primer plano, y luego mostrar cómo los has superado. Cuando cuentas la historia de tu lucha contra antagonistas reales, el público te ve como una persona interesante y dinámica. Puedo afirmar que el método de las historias funciona, porque después de haber asesorado a una docena de compañías cuyos directivos contaron historias emocionantes a Wall Street, todas consiguieron el dinero que necesitaban.

¿Qué tiene de malo dar una imagen positiva?

Que suena falso. Aunque emitas un comunicado de prensa que hable de un aumento de las ventas y de buenas perspectivas de futuro, el público ya sabe que nunca es así de fácil. Sabe que ni tú eres impecable, ni los de la competencia son los malos de la película. Sabe que probablemente hayas retocado el balance para que tu compañía quede bien. De hecho, las imágenes presuntamente positivas y las notas de prensa estereotipadas te perjudican, porque fomentan la desconfianza entre las personas a quienes intentas convencer. Yo sospecho que la mayoría de los consejeros delegados no se creen a sus propios asesores, y si ni ellos se creen el autobombo, ¿por qué se lo va a creer el público?

La gran ironía de la existencia es que lo que hace que valga la pena vivir no viene del lado positivo. Ya nos gustaría estar siempre tumbados a la bartola, pero la vida no nos lo permite. La energía para vivir proviene del lado oscuro, de todo lo que nos hace sufrir. Al luchar contra estos factores negativos, nos vemos obligados a vivir con más intensidad y plenitud.

¿Y reconocer este lado oscuro te hace ser más convincente?

Por supuesto. Porque eres más sincero. Uno de los principios de la buena narración es darse cuenta de que todos vivimos con temor. Tenemos miedo cuando no sabemos qué va a pasar. El temor es cuando sabemos lo que va pasar y no hay nada que podamos hacer para evitarlo. Las muerte es el gran temor; todos vivimos en un espacio de tiempo cada vez más reducido y hasta ese momento pueden pasar todo tipo de cosas malas.

La mayoría de nosotros reprimimos ese temor. Nos lo quitamos de encima imponiéndosela a otras personas mediante el sarcasmo, el engaño, el insulto y la indiferencia, crueldades de todo tipo. Todos cometemos pequeñas maldades que alivian la presión y nos hacen sentir mejor. Luego racionalizamos nuestra mala conducta y nos convencemos de que somos buenas personas. Las instituciones hacen lo mismo: niegan la existencia de lo negativo al imponer su temor a otras instituciones o a sus empleados.

Si eres realista, sabes que es algo intrínseco a la naturaleza humana; de hecho, te das cuenta de que toda la naturaleza se fundamenta en esta conducta. El imperativo de la naturaleza es seguir el gran principio de la supervivencia: haz a los demás lo que ellos te hagan a ti. En la naturaleza, si ofreces cooperación y la recibes, reina la concordia; ahora bien, si ofreces cooperación y recibes hostilidad, respondes con hostilidad, y la devuelves con creces.

Desde que los seres humanos se reunían en torno a las hogueras de las cuevas hemos oído contar historias que nos han ayudado a enfrentarnos al temor a la vida y a luchar por la supervivencia. Todos los grandes relatos iluminan el lado oscuro. No me refiero a lo que se entiende como el mal en estado «puro», porque eso no existe. Todos somos malos y buenos, dos facetas enzarzadas en una batalla constante. Kenneth Lay asegura que él no tenía la intención de quitarle el trabajo y los ahorros a la gente. Hannibal Lecter es ingenioso, encantador e inteligente, pero no deja de comerle el hígado a sus víctimas. El público valora la sinceridad de un narrador de historias que reconoce el lado oscuro de los seres humanos y que, además, habla con franqueza de los momentos hostiles. La historia genera una energía positiva pero realista en sus oyentes.

¿Eso quiere decir que hay que ser pesimista?

No es cuestión de optimismo o pesimismo. A mí me parece que el ser humano civilizado es escéptico, un ser que no se fía de las apariencias. El escepticismo es otro de los principios de la narración. El escéptico sabe diferenciar entre texto y subtexto, y siempre busca lo que realmente está ocurriendo. El escéptico busca la verdad debajo de la superficie porque sabe que las instituciones o las personas no son conscientes de sus verdaderos pensamientos y sentimientos y no los expresan. El escéptico siempre mira qué hay detrás de la máscara. Los pandilleros, por ejemplo, con sus tatuajes, piercings, cadenas y chaquetas de cuero, utilizan unas máscaras asombrosas, pero el escéptico sabe que la máscara es un mero personaje. Cualquier persona que se esfuerce tanto en parecer peligrosa es un blandengue. Los duros de verdad no se esfuerzan en demostrarlo.

¿O sea, que una historia que aproveche la oscuridad genera energía positiva en los oyentes?

Indiscutiblemente. Seguimos a la gente en la que creemos. Los mejores líderes con los que he tratado

—productores y directores— han asumido lo oscuro de la realidad. En vez de comunicarse a través de asesores de publicidad, guían a sus actores y equipos por el antagonismo de un mundo donde las probabilidades de que se ruede la película, se distribuya y se venda a millones de espectadores son una entre mil. Valoran que a la gente que trabaja para ellos le entusiasme su trabajo y viva por los pequeños triunfos que contribuyen a la victoria final.

Con los consejeros delegados pasa lo mismo: tienen que presidir la mesa, o ponerse delante del micrófono, y guiar a sus empresas por las borrascas de los baches económicos y la competencia sin cuartel. Si miras a tu público a los ojos, expones los retos realmente difíciles y dices: «Si lo conseguimos tendremos una suerte de narices, pero yo lo que creo que hay que hacer es esto», te escucharán.

Una manera de que te sigan es contar una historia verídica. La de General Electric es una maravilla, y no tiene nada que ver con el culto a la fama de Jack Welch. Si tienes una visión amplia de la vida, puedes verla en toda su complejidad de niveles, y celebrarla en una historia. Los grandes consejeros delegados son personas que se han reconciliado con su mortalidad, y a consecuencia de ello se compadecen de los demás. Esta compasión se expresa en historias.

Veamos, por ejemplo, el amor al trabajo. Hace años, durante mis estudios de licenciatura, trabajé como investigador de fraudes de seguros. En una ocasión, la persona que hacía la reclamación era un inmigrante que había sufrido un accidente tremendo en la cadena de montaje de una fábrica de coches y se había lastimado la cabeza. Había sido el más rápido en montar ventanas, y se enorgullecía mucho de su trabajo. Cuando hablé con él estaba esperando a que le pusieran una placa de titanio en la cabeza.

A pesar de la gravedad de la lesión, la empresa estaba convencida de que se trataba de un engaño. Aun así, el trabajador mantuvo una dedicación increíble. Su único deseo era volver a trabajar. Era consciente del valor del trabajo, aunque fuese repetitivo. Se enorgullecía del suyo, y hasta de trabajar en una empresa que lo acusaba en falso. Habría sido fantástico que el director general de esa marca de coches hubiera contado la historia de cómo los directivos de la empresa, después de darse cuenta de la falsedad de sus acusaciones, recompensaron al empleado por su entrega. La compañía, a su vez, habría obtenido como recompensa una mayor dedicación por parte de todos los trabajadores que escuchasen la historia.

¿Cómo descubren los narradores las historias que merecen ser contadas, y cómo las sacan a la luz?

El narrador descubre una historia formulando una serie de preguntas clave. En primer lugar, ¿qué necesita mi protagonista para que su vida recupere el equilibrio? El deseo es el alma de una historia. El deseo no es una lista de la compra, sino una necesidad fundamental que una vez satisfecha hace que la historia se detenga de golpe. Siguiente pregunta: ¿qué impide a mi protagonista cumplir su deseo? ¿Fuerzas internas? ¿Dudas? ¿Miedo? ¿Desorientación? ¿Conflictos personales con amigos, parientes o amantes? ¿Conflictos sociales que surgen en las múltiples instituciones de la sociedad? ¿Conflictos físicos? ¿Las fuerzas de la naturaleza? ¿Enfermedades mortales que flotan en el aire? ¿Falta de tiempo para hacer las cosas? ¿El maldito coche que no quiere ponerse en marcha? Los antagonistas provienen de la gente, la sociedad, el tiempo, el espacio, y de todos los objetos que contienen, o de cualquier combinación de todas esas fuerzas a la vez. Siguiente pregunta: ¿cómo decidiría actuar mi protagonista para cumplir su deseo frente a estas fuerzas hostiles? En la respuesta a esta pregunta es donde los narradores descubren la verdad de sus personajes, porque el corazón de un ser humano se revela en las opciones por las que se decanta en momentos de presión. Finalmente, el narrador se aparta de la trama de hechos que ha creado y se pregunta: «¿Esto me lo creo? ¿No estoy exagerando o maquillando las dificultades? ¿Cuento realmente la verdad, contra viento y marea?»

¿Ser buen narrador convierte a alguien en buen líder?

No necesariamente, pero si entiendes los principios de la narración, es muy probable que tengas una buena comprensión de ti mismo y de la naturaleza humana, lo cual eleva las probabilidades a tu favor. Yo puedo enseñar los principios formales del relato, pero no a una persona que no haya vivido de verdad. El arte de contar historias requiere inteligencia, pero también una experiencia vital que he observado en los directores de cine con más talento: el dolor de la infancia. Los traumas infantiles te empujan a una especie de leve esquizofrenia que te hace ver la vida de dos maneras simultáneas: primero, es una experiencia directa en tiempo real, pero, en ese mismo momento, tu cerebro lo registra como un material a partir del cual crearás ideas de negocios, ciencia o arte. Como un cuchillo de doble filo, el cerebro creativo hace un corte en la realidad de uno mismo y en la humanidad de los demás.

Todas las grandes narraciones tienen su raíz en el autoconocimiento. El narrador crea a todos los personajes a partir de su yo, haciéndose la siguiente pregunta: «Si fuera yo este personaje, en estas circunstancias, ¿qué haría?». Cuanto más entiendes tu propia humanidad, eres más capaz de valorar la de otras personas, con su pugna entre el bien y el mal. Yo diría que los grandes líderes descritos por Jim Collins son personas dotadas de un autoconocimiento enorme. Tienen una percepción aguda de sí mismos y un respeto hacia su propio ser que se equilibra con el escepticismo. Los grandes narradores —y sospecho que los grandes líderes— son escépticos que saben tanto de sus propias máscaras como las de la vida, y esta comprensión es la que hace que sean humildes. Ven la humanidad de las demás personas y las tratan compasivamente, pero con realismo. Es una dualidad que crea líderes maravillosos.

ROBERT MCKEE goza de gran prestigio como profesor de escritura de guiones, materia que enseñó en la Escuela de Cine y Televisión de la Universidad del Sur de California. A través de Two Arts, su propia empresa, los seminarios de McKee sobre el arte de contar historias llegan a un nutrido público de guionistas, novelistas, dramaturgos, poetas, documentalistas, productores y directores de todo el mundo. **BRONWYN FRYER** es colaboradora de *Harvard Business Review*, publicación de la que ha sido editora sénior.

Reproducido de *Harvard Business Review*,
junio de 2003 (producto #R0306B).

7

El sorprendente poder de persuasión de un pósit

Kevin Hogan

Imagínate que necesitas convencer a alguien de forma imperativa de que haga algo, un trabajo, por ejemplo. Quizá te sorprenda, pero una de las mejores maneras de lograr que una persona cumpla con lo que le pidas es un pequeño detalle que aporta un toque personal: poner un pósit.

Tras una ingeniosa serie de experimentos en la Sam Houston State University de Huntsville, Texas, su autor, Randy Garner, concluyó lo siguiente: a) añadir un toque personal y b) darle a alguien la sensación de que le pides un favor (específicamente a él) puede dar resultados admirables cuando se hace al mismo tiempo.[1]

El objetivo de los experimentos de Garner era averiguar qué se necesitaba para que los demás profesores de la universidad cumplimentasen las encuestas —a menudo muy largas y tediosas—, usando como único canal informativo el correo interno. El comodín de los experimentos era el uso de pósits. En uno de los experimentos, Garner mandó encuestas a tres grupos distintos de cincuenta profesores (ciento cincuenta profesores en total). Cada grupo recibió una petición distinta:

El *grupo 1* recibió una encuesta con un pósit donde se pedía devolverla una vez cumplimentada.

El *grupo 2* recibió una encuesta con el mismo mensaje escrito a mano en la carta de presentación, en vez de sobre un pósit.

El *grupo 3* recibió una encuesta con carta de presentación, pero sin mensaje escrito a mano.

¿Qué ocurrió?

Grupo 3: El 36 por ciento de los profesores devolvieron la encuesta.

Grupo 2: El 48 por ciento de los profesores devolvieron la encuesta.

Grupo 1: El 76 por ciento de los profesores devolvieron la encuesta.

Este experimento se puede generalizar a otros contextos solo con que entendamos *por qué* dio tan buen resultado el pósit. Este representa muchos desencadenantes conductuales de alta potencia concentrados en un pequeño objeto:

1. No encaja con lo que lo rodea: El pósit ocupa espacio y da cierta sensación de desorden, por lo que el cerebro desea su desaparición.

2. Es lo primero que capta la atención, justamente a causa de #1. Es difícil de ignorar.

3. Está personalizado. (Es la diferencia entre los grupos 2 y 3 del experimento).

4. En última instancia, el pósit representa a *una persona* que se comunica con *otra persona importante*, casi como si se tratase de un favor o de una petición especial, lo cual hace que el receptor se sienta importante.

Garner no pudo evitar seguir explorando el factor pósit, así que decidió realizar un segundo experimento que consistía en mandar a varios profesores un pósit *en blanco* pegado a una de las encuestas. Pasó lo siguiente:

El *grupo 1* recibió una encuesta con un pósit que llevaba un mensaje personalizado.

El *grupo 2* recibió una encuesta con un pósit en blanco.

El *grupo 3* recibió una encuesta sin pósit.

¿Qué ocurrió en el segundo estudio?

Grupo 3: El 34 por ciento devolvió la encuesta sin pósit (más o menos como en el primer experimento).

Grupo 2: El 43 por ciento devolvió la encuesta con pósit en blanco.

Grupo 3: El 69 por ciento devolvió la encuesta con pósit personalizado (más o menos como en el primer experimento).

Por lo visto, lo mágico no es el pósit en sí, sino la sensación de conexión, importancia e identidad que representa. La persona que envía la encuesta me pide ayuda *a mí personalmente,* y de manera especial (sin limitarse a escribirlo en la encuesta).

Pero en relación con el cumplimiento hay algo más que va más allá del simple resultado. También hay que tener en cuenta la rapidez y calidad de la respuesta. Garner experimentó para ver con qué rapidez devolvería la gente una segunda encuesta si llevaba un pósit. También midió cuánta información devolvía el encuestado cuando había un pósit, frente al grupo que no había recibido pósit, y las conclusiones fueron las siguientes:

El *grupo 1* (con pósit) devolvió sus sobres franqueados y con la dirección del remitente, con la encuesta dentro, en un plazo medio de unos cuatro días.

El *grupo 2* (sin pósit) devolvió los sobres y las encuestas en un plazo medio de unos cinco días y medio.

Pero la diferencia más llamativa fue que el grupo 1 también mandó una cantidad significativamente mayor de comentarios y respondió a otras preguntas abiertas con más palabras que el grupo 2.

Experimentos posteriores permitieron observar que las tareas de fácil cumplimiento no hace falta personalizarlas más que con una simple petición en un pósit, pero que cuando se trata de algo más comprometido, un pósit más personalizado resulta considerablemente más eficaz que una simple petición corriente en un pósit. ¿Y en qué consiste personalizarlo de verdad? Redactar un mensaje corto es eficaz, pero encabezarlo con el nombre de pila del receptor o poner tus iniciales al final desencadena un grado bastante mayor de cumplimiento.

Esta teoría de la personalización la he usado (y con mucho éxito) con hombres y mujeres de negocios de todo el mundo. Un corredor hipotecario con quien trabajaba, por ejemplo, puso a prueba este enfoque en sus correos electrónicos y logró multiplicar nada menos que por dos la cantidad de llamadas telefónicas de interesados en un préstamo. Y no funciona solo en el trabajo o con clientes. También las personas con las que convives responden al sistema del pósit. (Prueba a poner uno en el espejo del cuarto de baño, a ver qué pasa).

En los últimos tiempos se ha dado forma digital al pósit personalizado para usarlo en correos electrónicos, con resultados diversos. Su eficacia es máxima cuando el destinatario y el receptor ya se conocen. En las cartas de ventas pensadas para obtener resultados inmediatos, en las que el lector no conocía al autor, los efectos han sido modestos. En cuanto al uso de pósits en cartas de ventas pensadas para clientes que ya lo son, se necesitarían más estudios.

La próxima vez que quieras algo de tus compañeros de trabajo o que le entregues a un posible cliente una carpeta de valores, haz la prueba de poner un pósit. Un pequeño toque personal sirve de mucho a la hora de obtener los resultados deseados.

KEVIN HOGAN es autor de veintiún libros, entre ellos *The Science of Influence: How to Get Anyone to Say Yes* (Wiley, 2010) y *Cómo dominar el arte de la persuasión* (Open Books, 2000).

Nota

1. R. Garner, «Post-it Note Persuasion: A Sticky Influence» y «What's In a Name? Persuasion Perhaps», *Journal of Consumer Psychology*, 2005.

Reproducido de hbr.org, publicado originalmente el 26 de mayo de 2015 (producto #H023LE).

8

Cuándo vender con datos y cifras, y cuándo apelar a las emociones

Michael D. Harris

¿ Cuándo le conviene a un vendedor usar datos y cifras, o cuándo es preferible que apele al subconsciente emocional del comprador? ¿Cuándo hay que dirigirse al señor Intuitivo, y cuándo al señor Racional?

A mi entender, dirigirse al señor Racional conduce con demasiada frecuencia a la parálisis del análisis, sobre todo en el caso de productos y servicios complejos. Aun así, hay muchos vendedores que siguen decantándose casi en exclusiva por señor Racional. El resultado es que pasamos demasiado tiempo persiguiendo oportunidades de venta que al final quedan en nada. Es necesario mejorar nuestra capacidad de venderle al señor Intuitivo.

Si a quien vendemos por defecto es al señor Racional, es porque al pensar en nosotros mismos nos identificamos con nuestro pensamiento consciente y racional. Nos resulta inconcebible que unos ejecutivos serios puedan tomar decisiones a partir de la emoción, porque nuestras decisiones emocionales nos parecen irracionales e irresponsables.

Pero ¿y si el señor Intuitivo tiene su propia lógica? Desde hace unos años, los psicólogos y los economistas conductuales vienen demostrando que nuestras decisiones emocionales no son irracionales ni irresponsables. Hoy en día, de hecho, nos consta que nuestras decisiones inconscientes obedecen a una lógica clara. Se basan en un sistema de procesamiento mental profundamente empírico que es capaz de manejar millones de datos sin esfuerzo ni agobios. El pensamiento consciente, en cambio, tiene un límite infranqueable, porque solo puede gestionar tres o cuatro datos nuevos a la vez a causa de las limitaciones de nuestra memoria funcional.[1]

El estudio Iowa Gambling Task, por ejemplo, pone de relieve la eficacia del cerebro emocional a la hora de calcular sin esfuerzo las probabilidades de éxito con ganancias máximas.[2] Los participantes recibieron un presupuesto imaginario y cuatro barajas de cartas. El objetivo del juego era ganar la mayor cantidad posible de dinero, para lo cual se dio instrucciones a los participantes de que sacasen cartas de cualquiera de las cuatro barajas.

Lo que no sabían era que las barajas habían sido cuidadosamente preparadas. Eligiendo cartas de dos de ellas, las ganancias eran sistemáticas, mientras que las otras dos daban mayores cantidades, pero también castigos desproporcionados. La elección más lógica era evitar las barajas peligrosas, y fue lo que hicieron los participantes al cabo de unas cincuenta cartas: no elegirlas más. Sin embargo, hasta después de ochenta cartas no supieron explicar el porqué. La lógica es lenta.

Al mismo tiempo, los investigadores hicieron un seguimiento de lo nerviosos que estaban los participantes, y observaron que solo tardaban diez cartas en empezar a inquietarse cuando acercaban la mano a la baraja peligrosa. La intuición es rápida.

Según Gerald Zaltman, profesor de la Harvard Business School, el 95 por ciento de nuestras decisiones de compra se producen inconscientemente. Entonces, ¿por qué no somos capaces de repasar nuestro historial de decisiones y encontrar un sinfín de ejemplos de decisiones emocionales? Porque nuestro pensamiento consciente siempre se inventará motivos con los que justificar las decisiones inconscientes.

En un estudio con pacientes epilépticos cuyos hemisferios cerebrales habían sido separados con el fin de evitar futuros ataques, los científicos lograron transmitirle al lado derecho del cerebro este mensaje: «Ve a la fuente del fondo del pasillo y bebe».[3] Tras recibir el mensaje, la persona en cuestión se levantaba y se disponía a salir de la sala, momento en que el científico le transmitía un mensaje al otro lado del cerebro, el izquierdo: «¿Adónde vas?» ¿Reconocía el cerebro izquierdo que desconocía la respuesta?

No. Lo que hacía era inventarse una razón lógica con todo el descaro del mundo, como, por ejemplo: «Es que aquí dentro hace frío. Voy a por mi chaqueta».

Si nuestro historial de decisiones no sirve para orientarnos, ¿cómo podemos saber si en un momento dado nos conviene vender desde la lógica o desde las emociones?

La regla de oro es muy sencilla: las ventas sencillas házselas al señor Racional, y las complicadas al señor Intuitivo.

Esta conclusión está respaldada por un estudio de 2011 cuyos participantes tenían que elegir el mejor coche de segunda mano entre una selección de cuatro. Cada coche tenía una puntuación en cuatro categorías (como el consumo de combustible), pero había uno que superaba claramente a los demás. En esta situación «fácil», con solo cuatro variables, los participantes que tomaban una decisión consciente superaban en un 15 por ciento a los que lo que hacían inconscientemente. Cuando los investigadores dieron más complejidad a la decisión —incrementando hasta doce las variables—, las decisiones inconscientes pasaron a superar en un 42 por ciento a las conscientes. Muchos otros estudios han demostrado que el pensamiento consciente se satura cuando hay demasiada información.

Si quieres influir en cómo percibe un cliente tu producto, proporciónale una experiencia que genere la emoción deseada. Una de las mejores maneras de que un cliente experimente un producto complejo es explicarle de manera gráfica el caso de otro cliente. Las investigaciones demuestran que las historias pueden activar la región del cerebro que procesa las imágenes, los sonidos, los sabores y el movimiento.[4] Comparemos este enfoque con el de un vendedor que empieza a soltar datos en forma de una presentación de PowerPoint con ochenta y cinco diapositivas.

En vez de ver el pensamiento emocional como algo irracional, plantéatelo así: una emoción es simplemente la manera que tiene el inconsciente de comunicar su decisión al pensamiento consciente.

MICHAEL D. HARRIS es director general de Insight Demand, y autor de *Insight Selling: Surprising Research on What Sales Winners Do Differently* (Wiley, 2014).

Notas

1. N. Cowan, «The Magical Number 4 in Short-Term Memory: A Reconsideration of Mental Storage Capacity», *Behavioral Brain Science* 24, nº 1 (febrero de 2001), pp. 87–114.
2. A. Bechara et al., «Insensitivity to Future Consequences Following Damage to Human Prefrontal Cortex», *Cognition* 50, nº 1–3 (abril-junio de 1995), pp. 7–15.
3. M. S. Gazzaniga, «The Split Brain Revisited», *Scientific American*, 1 de julio de 1998.
4. G. Everding, «Readers Build Vivid Mental Simulations of Narrative Situations, Brain Scans Suggest», *Medical Xpress*, 26 de enero de 2009, https://medicalxpress.com/news/2009-01-readers-vivid-mental-simulations-narrative.html.

Reproducido de hbr.org, publicado originalmente el 26 de enero de 2015 (producto #H01U9Y).

Índice

Índice

Índice

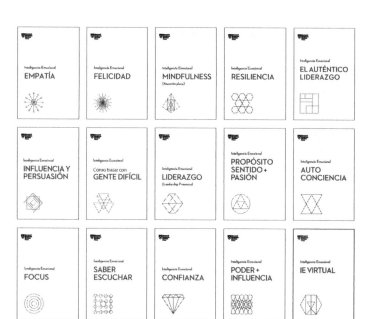

Inteligencia Emocional **EMPATÍA**	Inteligencia Emocional **FELICIDAD**	Inteligencia Emocional **MINDFULNESS** (Atención plena)	Inteligencia Emocional **RESILIENCIA**	Inteligencia Emocional **EL AUTÉNTICO LIDERAZGO**
Inteligencia Emocional **INFLUENCIA Y PERSUASIÓN**	Inteligencia Emocional Cómo tratar con **GENTE DIFÍCIL**	Inteligencia Emocional **LIDERAZGO** (Leadership Presence)	Inteligencia Emocional **PROPÓSITO SENTIDO + PASIÓN**	Inteligencia Emocional **AUTO CONCIENCIA**
Inteligencia Emocional **FOCUS**	Inteligencia Emocional **SABER ESCUCHAR**	Inteligencia Emocional **CONFIANZA**	Inteligencia Emocional **PODER + INFLUENCIA**	Inteligencia Emocional **IE VIRTUAL**

Serie Inteligencia Emocional

Harvard Business Review

Esta colección ofrece una serie de textos cuidadosamente seleccionados sobre los aspectos humanos de la vida profesional. Mediante investigaciones contrastadas, cada libro muestra cómo las emociones influyen en nuestra vida laboral y proporciona consejos prácticos para gestionar equipos humanos y situaciones conflictivas. Estas lecturas, estimulantes y prácticas, ayudan a conseguir el bienestar emocional en el trabajo.

Con la garantía de **Harvard Business Review**

Participan investigadores de la talla de
Daniel Goleman, Annie McKee y **Dan Gilbert**, entre otros

Disponibles también en formato **e-book**

Solicita más información en revertemanagement@reverte.com

www.revertemanagement.com

@revertemanagement

Guías Harvard Business Review

En las **Guías HBR** encontrarás una gran cantidad de consejos prácticos y sencillos de expertos en la materia, además de ejemplos para que te sea muy fácil ponerlos en práctica. Estas guías realizadas por el sello editorial más fiable del mundo de los negocios, te ofrecen una solución inteligente para enfrentarte a los desafíos laborales más importantes.

Monografías

Michael D Watkins es profesor de Liderazgo y Cambio Organizacional. En los últimos 20 años ha acompañado a líderes de organizaciones en su transición a nuevos cargos. Su libro, **Los primeros 90 días**, con más de 1.500.000 de ejemplares vendidos en todo el mundo y traducido a 27 idiomas, se ha convertido en la publicación de referencia para los profesionales en procesos de transición y cambio.

Todo el mundo tiene algo que quiere cambiar. Pero el cambio es difícil. A menudo, persuadimos, presionamos y empujamos, pero nada se mueve. ¿Podría haber una mejor manera de hacerlo? Las personas que consiguen cambios exitosos saben que no se trata de presionar más, o de proporcionar más información, sino de convertirse en un catalizador.

Stretch muestra por qué todo el mundo -desde los ejecutivos a los empresarios, desde los profesionales a los padres, desde los atletas a los artistas- se desenvuelve mejor con las limitaciones; por qué la búsqueda de demasiados recursos socava nuestro trabajo y bienestar; y por qué incluso aquellos que tienen mucho se benefician de sacar el máximo provecho de poco.

¿Por qué algunas personas son más exitosas que otras? El 95% de todo lo que piensas, sientes, haces y logras es resultado del hábito. Simplificando y organizando las ideas, **Brian Tracy** ha escrito magistralmente un libro de obligada lectura sobre hábitos que asegura completamente el éxito personal.